Conocimiento Experto
MENTALIDAD
CON
PROPÓSITO
12 Principios Para Definir Tu Destino

Salvador Mingo

EDITORIAL CONOCIMIENTO EXPERTO
Título del Libro: MENTALIDAD CON PROPÓSITO
Salvador Mingo

Edición: Salvador Mingo
Diseño de Portada: Salvador Mingo
Maquetado: Salvador Mingo

Para más información por favor contactar con el autor vía correo electrónico en salvador@conocimientoexperto.com

ISBN 9781694090881

https://www.conocimientoexperto.com
Facebook: https://www.facebook.com/salvadormingooficial/
Twitter: @s_mingo
Instagram: https://www.instagram.com/salvadormingo/
YouTube: https://www.youtube.com/c/SalvadorMingoConocimientoExperto

Hoja en blanco intencional

Índice

Dedicatoria

A mi madre quién siempre me brindó su apoyo incondicional.

A mi padre por su ejemplo.

A mi hijo, la razón de que este libro exista.

Introducción

Hoy es el día que al final decido dar rienda suelta a todo esto que ha estado dentro de mi cabeza desde hace bastante tiempo. Es como una voz interna que no me deja tranquilo, como si se tratase de una necesidad que debo sacar de alguna manera y heme aquí escribiendo estas palabras que llegan a mi mente.

Mucho he hablado, expuesto y explicado sobre la importancia de ser aquello a lo que estamos destinados a ser, y no me refiero a una revelación divina, o aspectos místicos, me refiero simplemente a lo que estamos destinados a ser, por lo general las personas - todas sin excepción (al menos eso es lo que pienso al respecto) - dentro sí mismas saben que tienen mucho que dar, saben que tienen algo más que ofrecer, saben que de alguna manera son especiales y saben que aún hay algo más por hacer, un deseo, un sueño, una encomienda, un mandato, como lo quieras llamar, algo que está pendiente por hacer y al momento que lo realicen es cuando su vida empezara a manifestar esos "resultados", que de alguna manera sienten que merecen para sí mismos, en cierta forma sienten que está bajo su control y si aún no lo han hecho es porque no es el momento propicio, o bien ya más adelante cuando la situación "mejore", o quizá no puede hacerse ahora ya que hay varios proyectos, planes, compromisos, obligaciones y responsabilidades que deben cumplirse primero. Al final no hay problema ya que siempre habrá tiempo mañana para eso que sabemos debemos hacer... ¿cierto?

Ese es el pensamiento común, algo similar a lo que Séneca mencionaba en su libro sobre la brevedad de la vida, el ocio y la felicidad "Teméis como mortales todas las cosas, y como inmortales las deseáis. *"¡Oh, cuan tardía es la vida cuando se quiere acabar!"* Dicho de otra manera, pensamos que siempre habrá un mañana para aquellas cosas que deseamos hacer, pero por temor demoramos, mientras que pensamos que no habrá otra oportunidad para cumplir con las obligaciones que debemos realizar. Es una mala fórmula del manejo del tiempo si lo analizas a detalle.

La cuestión es... ¿Cuántas personas que tú conoces viven así? o mejor te cambio la pregunta... ¿Cuántas personas que tú conoces viven bajo su propio ritmo, su propia determinación, su propio sueño, haciendo lo que hacen en pro de su felicidad, en pocas palabras personas libres que realmente disfrutan de lo que hacen? Difícilmente las personas responden de manera afirmativa esta pregunta, aclaro, no es que no conozcan personas que vivan de esa manera, pero en términos reales son muy escasas. Y aquí quiero hacer una aclaración pertinente, un error común respecto a esta pregunta es que las personas confunden libertad con riqueza, más propiamente dicho con dinero, y déjame decirte que si bien el dinero es importante tiene poco que ver con relación a la libertad. La libertad de la que te hablo es tu sentir interno ante la vida. Presta atención a lo que te voy a decir a continuación que es la base de este libro: **Si tú vives acorde a tu propósito de vida lo demás está resuelto porque internamente disfrutas cada momento** y eso mi amigo/a lector es lo que hace toda la diferencia.

Si algo en tu vida no te gusta es porque no va acorde a tu propósito, si cada mañana te despiertas sin ánimos es debido a que no vives acorde a tu propósito, si tu entorno te disgusta y te hace sentir mal, simple, no estás actuando acorde a tu propósito... Creo que captas la idea, ¿cierto?

Una vida con propósito en pocas palabras es lo que le da sentido a vivir y pienso fuertemente que debería ser el objetivo de cada persona en este mundo, el hecho de encontrar su propósito y actuar en torno a él, si lo que se busca es, vivir **La Buena Vida**.

Sí, sé muy bien, que eso es algo que quizá no sea nuevo para ti, o bien es algo que abunda en los libros de autoayuda, incluso quizá ya has profundizado en el tema, pero sigues sin encontrar una solución real a tu situación; no sólo eso, a muchas personas (incluso puede ser tu caso) este tipo de cuestiones les resulta molesto, y no es para menos, como me dices que hay que vivir acorde a un propósito si tengo una familia que mantener, una casa que pagar, deudas que cubrir, un negocio que levantar no me da tiempo para otra cosa que no sea cumplir con mis responsabilidades y cada día debo hacerlo si quiero llegar a fin de mes. Podrías pensar eso de vivir libre es para ricos, personas que heredan fortunas, que pueden darse el lujo de viajar y moverse sin obligaciones siempre respaldados por padres o familia, para ellos es muy fácil cumplir su "propósito" pero para las personas de "a pie"... eso simplemente no es posible.

Me gusta mucho indagar en esta cuestión porque se tocan fibras sensibles que a lo largo de este libro iremos analizando, sin embargo, hay una razón principal por la cual las personas hacen corto circuito ante este tipo de lineamiento ¿Quieres saber por qué?

Bien, la razón es que la mayoría de las personas han sucumbido ante el entorno, se han creído toda la basura que el entorno se ha encargado de colocar en sus mentes y viven dormidos en medio de toda esta basura. Por entorno me refiero a todo aquello que ha ejercido una influencia en tu vida, en tu forma de pensar, tu forma de actuar, en tu comportamiento, tus acciones, tus hábitos, tus decisiones, en fin, todo aquello que te ha afectado. Es fácil caer en la trampa de cumplir expectativas de otros como si fueran las nuestras, sólo con la finalidad de no ser rechazados precisamente por ese entorno, cuantas veces en la escuela no se nos castigó por pensar diferente, o bien el rechazo de la sociedad por no adecuarnos a sus normas. Se nos enseñó desde pequeños que tenemos que obedecer a la autoridad (cualquiera que esta sea), cumplir los lineamientos, buscar el éxito acorde a lo que la sociedad defina como tal y a ocultar la voz interna si es que esta podría alterar el orden establecido.

Sin embargo quiero ser muy claro con lo siguiente: no se trata de ser rebeldes por serlo, ir en contra de las reglas por sentirnos diferentes sin ningún fundamento es igual de absurdo que aceptar como propias las expectativas de otros sin ningún tipo de reparo, recuerda debes **ser ecléctico** (esto es algo que mencionaré a lo largo del libro), me refiero a que no se puede tener tampoco pensamientos extremistas, el mundo no es blanco

Recomendaciones antes de comenzar

La información que estás a punto de conocer tendrá un impacto que transformará tu vida, si y sólo si, te encuentras en disposición de implementarla; recuerda, el conocimiento sin la acción sólo te convierte en un teórico sin resultados, el mundo no necesita más de ellos.

Quiero que esta obra se convierta en un libro de cabecera para ti por lo que cada uno de los consejos que te mostraré no lleva una secuencia lógica, es decir, puedes leer cualquiera de ellos en el orden que lo desees. Sólo con la finalidad de llevar una estructura fue que se le asigna un número a cada uno de ellos, pero repito no hay una secuencia lógica, por lo que siéntete libre de revisarlos en el orden que te resulte conveniente.

El día que todo comenzó

En la noche del 16 de agosto del año 2005 todo prometía ser un día como cualquier otro, en aquel momento yo tenía 25 años, tenía un trabajo regular, vivía en un departamento regular, y mi vida era más o menos como la de cualquier otra persona en mí misma situación. Mi trabajo no me era muy motivante, pero me daba lo suficiente para mantenerme, y darme de vez en cuando algún gusto. Me gustaban de sobremanera los fines de semana, salir los viernes por la noche, los sábados aprovechar los descuentos de las tiendas departamentales y pasar los domingos encerrado en casa, por lo regular sin hacer gran cosa y mentalizándome para el lunes retomar mis actividades nuevamente. ¿Es una historia bastante común, cierto?

Pero esa noche del 16 de agosto fue el principio de un viaje que aún sigo manteniendo hasta el día de hoy, recuerdo bien que ese día un amigo estaba de visita en mi casa, se quedaría un par de días, es un amigo el cuál aprecio hasta el día de hoy, y no sé si él está consciente de lo que despertó, pero ciertamente fue gracias a su influencia que tengo una historia que contar.

Era una noche como muchas otras donde me encontraba hablando de mi trabajo, mis pesares, mis agobios y mis planes, ya lo sabes, esas charlas donde hablas de todo y nada, donde comentas tus grandes planes pero no quedan más que en sueños que difícilmente vas a realizar, cosas como tomarme un año sabático, cambiar de país de residencia, conseguir un trabajo mucho mejor remunerado, un mejor auto, un mejor estilo de vida, en pocas palabras **ser libre**, eran temas comunes de aquellos años, hablar de deseos , anhelos y pensamientos que en mi interior los veía más como un sueño que como algo que pudiera ser realidad, sin embargo no por eso dejaba de platicar de ellos.

Durante esa charla recuerdo que mi amigo parecía entender muy bien a que me refería, no decía mucho, solo asentía con la cabeza mientras me escuchaba, después de un tiempo decidí mejor callarme y preguntarle qué pasaba en su caso, que buscaba, que cosas quería hacer, hacia donde apuntaba su vida.

En aquellos tiempos yo no solía leer mucho, quizá un par de libros al año como máximo, sin embargo mi amigo (que leía mucho más que yo) me dijo, - he estado leyendo sobre un libro, que creo te va a gustar, ya que habla mucho de eso que tú me comentas - entonces capto todo mi interés y le pregunte de que se trataba, él me decía que era un libro de una persona que le enseña a otras sobre la importancia del dinero, y me dijo algo que hasta la fecha permanece en mi persona como una especie de mantra, él me dijo - Este autor menciona algo que es crítico para eso que deseas, hablas que quieres tener mayor libertad, ser libre ¿cierto? - yo respondo que sí, - Bien, para que eso sea posible, para realmente tener libertad necesitas entonces primero tener **libertad financiera** - en ese momento algo hizo corto circuito dentro de mí, y le pregunte más enfáticamente, ¿A que te refieres con libertad financiera? (imagínate como era mi contexto en aquella época si desconocía del término), me dijo - Se trata qué primero generes el flujo de ingresos suficientes sin que te consuma tu tiempo para entonces tener tiempo libre y disfrutarlo. - Yo seguía sin entender... ¿Cómo es eso?, si se debe trabajar 45 horas por semana, en qué momento tienes ese tiempo libre, si no trabajas no te pagan le dije, en eso esboza una sonrisa y dice, - Es lo que debes entender, nunca serás libre si tu vida es un intercambio de tu tiempo por dinero, y todo eso que mencionas que quieres sólo quedará en sueños -.

Esa noche me quede reflexivo sobre eso que me dijo... - libertad financiera, no intercambiar tu tiempo por dinero... ¿Es posible?, dadas las circunstancias que no soy una persona rica, ni tengo ahorros, ¿Como es que esa utopía se puede alcanzar? - entonces me dormí teniendo eso en mi mente.

El día siguiente fue común y corriente, despertar, ducharse, desayunar con prisas e ir al trabajo. Sin embargo. no dejaba de pensar en eso que me había dicho, claro y como suele pasar quise compartir mi gran revelación con mis compañeros de trabajo ese día. Les hable del concepto de libertad financiera, del libro que hablaba sobre cómo podemos conseguirla y como no teníamos que vivir a merced de jefes autocráticos intercambiando nuestro tiempo por dinero, me gustaría decirte que eso genero una reacción en la gente, que me sentí acompañado, que más personas buscaban lo mismo que yo, pero nada de eso pasó, la gente sólo me observaba como si fuese un fenómeno extraño, algunos sólo sonreían y otros más duros se mofaban de lo que les decía, en fin, yo no sabía manejar muy bien mis impulsos en aquellos momentos, por lo que creo que también me mofaba de su forma tan cerrada de pensar y como los condenaba (al menos en mi mente) a una vida de mediocridad.

No tarde mucho tiempo en conseguir el libro, era ya un *"bestseller"* y se encontraba en cualquier librería, no sólo eso, había comunidades y foros exclusivos sobre ese tema en Internet (si, foros que no era otra cosa que sitios donde la gente se juntaba de manera virtual y discutía sobre un tema, recuerdo que pasaba horas en dichos foros, así era internet antes), entonces leí el libro y fue tomarme la píldora roja de la vida, recuerdo como sus primeras páginas reflejaban mis hábitos de consumo, por lo general vivía de quincena en quincena, sin ahorrar nada, y adquiriendo cada vez de forma más frecuente productos a crédito, cosas como ropa, equipos de entretenimiento, accesorios para el auto, etc. Recuerdo que vivía sin mucha preocupación e ir de compras era una de las cosas que me animaban bastante. Mi vida era normal, repitiendo patrones de consumo normal, teniendo periodos de felicidad de vez en cuando, ya sea por la adquisición de un nuevo juguete o bien por algún logro en el trabajo, vaya... una vida normal dentro de *La Matrix*. -GRACIAS **Robert Kiyosaki** (autor del libro Padre Rico Padre Pobre) por mostrarme la Píldora Roja- lo digo a manera de sarcasmo. Ya entenderás más adelante por qué.

La realidad es que todo este concepto de Libertad, llámese ser libre, vivir el estilo de vida de tus sueños, no tener necesidad de trabajar, vivir acorde a tus ideales, vivir de vacaciones, etc; como lo quieras llamar, tiene un efecto colateral, dicho de otra manera, a toda luz hay una sombra, un Yin y un Yan y es algo que se debe saber una vez que se decide tomar esa píldora roja.

Yo la tome, y después de ese momento deje de comprar a crédito, me privé de placeres y gustos efímeros, mi relación de pajera de aquel momento se fracturó, mi círculo de amistades se fue haciendo más pequeño, ya no gastaba en salidas de viernes por la noche, ahora buscaba créditos para invertir en propiedades, o iniciar negocios de medio tiempo mientras continuaba trabajando en mi empleo tradicional, ya no salía de vacaciones, sólo quizá en navidad a visitar a la familia pocos días, y cómo las cosas no pintaban muy bien, el poco dinero que me quedaba lo usaba para comprar o conseguir materiales ligados al desarrollo personal, autoayuda, negocios y la superación (realmente necesitaba de un apoyo emocional). - Muchas GRACIAS amigo que te quedaste en mi casa por mostrarme la luz -, una vez más lo digo como sarcasmo, yo era relativamente feliz con mi vida normal, ahora mi mundo se estaba desmoronando, mi realidad estaba dando un giro que no esperaba y no me estaba gustando.

¿Qué pasaba?

Se supone que estaba haciendo todo para estar mejor sin embargo me encontraba más agotado, con menos dinero, menos amigos, menos tiempo libre, menos resultados en el trabajo, con más deuda "buena", con más preocupaciones y mucho más solo que antes... ¿Qué carajos estaba pasando?, ¿Era esta, acaso la vida de libertad, que había deseado? Acaso no leí las letras pequeñas del manual del "éxito", al parecer así fue, me tomé muy enserio lo que me dijo mi amigo y no consideré las consecuencias.

Quizá en alguna ocasión si tenemos el gusto de conocernos te platique sobre estas consecuencias, que me llevaron a cavar un agujero profundo del que en algún momento pensé que no saldría. Afortunadamente después de la tormenta viene la calma, y pude salir de ese agujero. Descubrirás que en la vida tendrás que pasar por aquello que temes para convertirte en aquello que deseas, y la enseñanza más grande de este periodo fue que el resultado no va a llegar hasta que estés listo o lista para saber qué hacer con él, es un principio de vida que tiene toda la lógica, pero como somos seres emocionales la lógica la dejamos fuera muchas veces.

Si tú tienes un propósito grande pero no tienes la formación ni las cualidades, déjame decirte que la vida te pondrá contra la pared y te golpeará y te forzará a que saques lo mejor de ti, y sólo serás capaz de hacerlo si tu porque es lo suficientemente fuerte, sino lo es, siempre tendrás la opción de tirar la toalla y volver a tu rutina tradicional.

En mi caso quemé mis naves, pensé que sería más sencillo y contaría con apoyo de otros locos como yo desde el principio, nada más lejos de la verdad, pero al momento que estuve listo para asimilar el resultado, todo ese periodo de turbulencia tuvo sentido, como dice Robert Kiyosaki en su libro Padre Rico Padre Pobre, hay que pagar el precio de aquello que se desea, aunque eso signifique enfrentar tus peores demonios, y no, no todo mundo está listo para hacerlo.

Enseñanza 1. La era del microondas

¿Quién hoy en día estaría en contra de decir que vivimos en la era de los resultados inmediatos? Déjame clarificar esto con otra pregunta:

¿Cuántos de nosotros al menos alguna vez nos hemos dejado seducir por la ley del mínimo esfuerzo? Dicho de otra manera, elegir ese botón mágico, esa solución milagrosa que nos ahorre el sufrimiento y nos genere el resultado. Es por eso por lo que los charlatanes se hacen millonarios, por lucrar con la falta de formación del resto de la gente. Personas o empresas que te prometen esos resultados milagrosos que tú o yo podemos anhelar, tales como bajar de peso sin dieta ni ejercicio, es más comiendo sólo cosas que te gustan sin ningún tipo de actividad física, o el método para ganar en 24 horas 100,000 dólares, sólo presionando un botón, o bien conquistar a la persona de tus sueños sólo con el chasquido de tus dedos, y así podría seguir y seguir, ¿No sería eso maravilloso...?

A eso me refiero con la era del microondas, donde queremos saltarnos el proceso en función de conseguir el resultado. PERO... con plena certeza te puedo decir que las cosas que valen la pena en la vida tienen un precio, ¿Quieres...

¿Un mejor trabajo? Tendrás que pagar el precio.
¿Mas tiempo libre para estar con tu familia? Tendrás que pagar el precio.
¿Un mejor cuerpo para el verano? Tendrás que pagar el precio.
¿Un negocio que te ofrezca libertad? Tendrás que pagar el precio.
¿Una mejor relación con tu pareja? Tendrás que pagar el precio.

¿Me entiendes?

Las cosas que valen la pena en la vida tienen su precio, pero los medios de comunicación masiva es algo que no dicen. Te diré exactamente qué es lo que sucede:

La publicidad con la cuál somos bombardeados constantemente tiene un sólo y único objetivo, hacernos consumidores de sus productos y servicios, eso es todo, no les importa un carajo tu bienestar, ni tu situación ni nada, sólo buscan que te vuelvas consumidor, y para lograr eso van a endulzar sus productos o servicios, ¿Qué es lo que hacen? Usan imágenes aspiracionales que generen la conexión con tus deseos, de tal forma que tu resistencia baja y estás con mayor predisposición de adquirirlos. Ese es el principio que usan las compañías líderes del mundo al contratar las imágenes de sus productos. Te muestran la forma en la que a ti te gustaría ser, te muestran el producto terminado de que sucederá una vez que lo adquieras, pero si prestas atención, en las letras pequeñas casi microscópicas hay una advertencia que dice:

"Los resultados pueden variar, los ejemplos mostrados previamente son sólo con fines de muestra...", si el anunciante te dijera: *"este producto te hará lucir 10 años más joven, siempre y cuando comas estos alimentos específicos, sigas esta rutina de entrenamiento y utilices estas cremas adicionales por los siguientes 12 meses"*, y si además de manera directa te hiciera saber que la o el modelo que aparece en la publicidad no usa el producto y es sólo para fines de muestra... ¿Qué crees que pasaría? ¡Correcto! Las ventas se desploman... ¿La razón? Porque las personas ya no quieren esforzarse más, ya no quieren pagar el precio, y buscan precisamente ese resultado lo más rápido posible saltándose el proceso.

Esta situación también ocurre frecuentemente en los negocios del tipo distribuidor independiente, o bien negocios por internet, donde te venden la idea de que puedes volverte millonario de una forma casi milagrosa con sólo seguir una receta mágica de 5 pasos, te diré quiénes son los que se hacen millonarios... (aunque asumo que ya lo sabes) precisamente los que venden esas soluciones milagrosas.

Te voy a poner un ejemplo preciso de esta situación, este ejemplo me gusta usarlo en mis charlas ya que es bastante claro para asimilar todo este contexto.

Digamos que alguien escribe un libro que te dice como alcanzar la libertad financiera en 48 horas, - ¡FANTÁSTICO!, ¡En sólo 48 horas! por supuesto que me interesa - y procedes a comprarlo, de pronto revisando esa "brillante" información descubres que la solución del autor es que crees un libro que diga como alcanzar la libertad financiera en 48 horas, ¿Mmm... ok....? y entonces el autor gracias a la venta de sus libros digamos que alcanzo la anhelada libertad financiera... un momento, ¿De qué me perdí? no aprendí nada, no me dijo nada, pero el autor vive como "rico", y utiliza toda esa imagen de estilo de vida para atraer aquellos que quieren precisamente eso que él o ella muestra, y les vende un libro, un curso, un programa, un evento, un taller, un seminario, un retiro, etc; y las personas anhelando ese resultado lo compran... ¿Me captas la idea? Dicho de otra manera, es la historia del burro y la zanahoria, este autor está colocando la zanahoria delante y ¿Adivina quién es el burro...? No diré más ya que creo que esto está claro como el agua.

Quiero que entiendas esta frase, porque resume toda esta enseñanza **"La gente ama la gloria más no la historia"**; es fácil caer en la tentación si nuestra necesidad es grande, créeme lo entiendo, he estado ahí, se lo frustrante que es el hecho de no querer contestar el teléfono o abrir la puerta por miedo a los acreedores, el preferir aislarse y no tener contacto con tu medio social porque la confianza en ti se fue a los suelos, o simplemente ver como tu entorno, amigos y familiares se encuentran progresando mientras tú estás retrocediendo, esta y muchas otras situaciones las entiendo, por una precisa razón, porque he estado ahí, y por experiencia te digo que no hay adversidad que no tenga en su haber una semilla que genere un bien superior. Claro cuándo estás envuelto en el problema es difícil verlo, sin embargo, cuándo te sobrepones al mismo es cuándo esto queda claro.

Recuerda, la gente ama la gloria mas no la historia, cuándo veas a una persona con los resultados que tu anhelas, te recomiendo que indagues a profundidad sobre la vida de dicha persona y te darás cuenta como lo que ves es el resultado de años de lucha y adversidad sin ningún tipo de resultado, sin embargo, estas personas tenían en su mente 2 elementos críticos: un objetivo preciso y la convicción para conseguirlo, déjame te menciono algunas personas de esta categoría:

- Mahatma Gandhi
- Oprah Winfrey
- Thomas Alba Edison
- Anthony Robbins
- Albert Einstein
- J.K. Rowling
- Walt Disney
- Silvester Stallone
- Amancio Ortega
- Bill Gates

Sólo por mencionarte algunos, de hecho, sobre Bill Gates hay una anécdota curiosa de donde sale la frase **la década pérdida**. Él durante muchos años fue el hombre más rico del planeta, estuvo presente en los principales medios de comunicación masiva, estos medios lo alababan y él se reía, ya que decía, es curioso cómo cambian las cosas después de la década perdida. Los medios le preguntaron a qué se refería con eso y el mencionaba –*"no sé si sepas, pero este resultado que ves hoy no es como ustedes lo tratan de hacer ver, yo no creé algo de la noche a la mañana y me hice millonario. No, la realidad dista mucho de eso, en la década de mis 20´s yo no descanse un sólo día, no me tomé un descanso ni un sólo día, tenía claro que esto cambiaría el mundo y debía hacer lo que fuese necesario para conseguirlo"*- Ni un día en 10 años trabajando 12-18 horas por día apenas con tiempo para dormir. Repito las personas no ven lo que hay detrás del resultado, por lo general sólo se enfocan en la gloria y es por eso por lo que difícilmente lo lograrán. Más adelante hablaré especialmente sobre este punto.

Ahora entiendes por qué si quieres que un resultado perdure y sea real no puedes saltarte el proceso. Y seré claro en esta idea, las acciones que hacemos de forma repetida generan hábitos, estos hábitos son responsables de nuestras decisiones y estas decisiones son responsables de nuestro destino, si el resultado actual no es el que queremos esto se debe precisamente a las acciones que realizamos de manera repetida. Déjame decirte algo que llego a mí a manera de epifanía:

No sabes el tiempo que pierde la gente en su búsqueda de ahorrase el proceso.

Dicho de otra manera, si las personas siguieran el proceso que los conduce al resultado que buscan de manera consistente y constante, posiblemente en pocos meses verían resultados sobresalientes, sin embargo, el hecho de evitar el proceso los puede hacer llegar a perder años, para al final encontrarse en una situación peor a la que empezaron, es decir sin conseguir ese resultado, pero con menos energía, menos recursos y menos tiempo... es duro, pero así suele suceder. Tengo una pregunta y responde con sinceridad:

¿Sabiendo lo que ahora ya sabes, y pudieras volver 10 años al pasado, tomarías las mismas decisiones que tomaste en su momento?

Piensa como sería tu vida si hubieras seguido el proceso de ese resultado que anhelas por 10 años, ¿Crees que el resultado sería distinto al que tienes actualmente? juega con esta idea e incorpórala a cualquier decisión que tomes de aquí en adelante.

¿Si tomo esta decisión y me comprometo con la misma durante los siguiente 10 años, que resultado obtendría?

Deja de lado la era del microondas, lo que vale la pena en la vida tiene un precio y tomara su tiempo, no te saltes el proceso ya que eso es precisamente lo que te convertirá en la persona capaz de generar el resultado que deseas.

Enseñanza 2. El enunciado euleriano de tu destino

Una de las preguntas más frecuentes que las personas se suelen hacer a lo largo de su vida o al menos en algún momento de esta es:

¿Para Qué Estoy Aquí? o dicho en términos más propios de esta enseñanza **¿Cuál es mi destino?**

Si eso te sucede a ti ¡FELICIDADES!, significa que te estás haciendo consciente y por lo tanto estas despertando a tu verdadero **propósito en la vida,** y no simplemente actuar por impulso o rutina de forma autómata como sucede con la mayoría de las personas. Sin embargo, hoy más que nunca este tipo de preguntas suceden, y el verdadero cuestionamiento sería... ¿Por qué? y hay una razón del porque sucede esto HOY más que nunca.

La verdad es que en el pasado tú no necesitabas saber tu **destino,** este ya estaba determinado, porque sólo se seguía el mismo patrón que tu predecesor.

Por ejemplo, si tu padre era un granjero entonces tú serías un granjero, o si era un doctor entonces tú lo serías también.

Ahora la situación es muy distinta, precisamente por los tiempos en los que vivimos (saturado de estímulos externos, interconectado, rápido, dependiente, etc.) y efectivamente nos lleva a pensar y cuestionar nuestro destino.

Aquí está el truco, si alguien quiere saber cuál es su destino, o mejor aún, saber si lo que hace actualmente es su destino, debe ser capaz de **definir qué es lo que quiere hacer en un sólo enunciado de 10 a 20 palabras máximo.**

Dime, ¿Lo tienes?, ¿Tienes la claridad para resumir en un sólo enunciado el destino que has elegido en tu vida?

Esto no es algo que debas tomar a la ligera, no es algo que vas a estar cambiando de tiempo en tiempo, es algo que te va a definir, algo que estará contigo el tiempo que estés en este mundo y por lo que las personas te valorarán. ¿Ves como no es tan sencillo?

La buena noticia es que hay formas que te ayudaran a definirlo mejor, para esto hay un concepto llamado **las 4 esferas de la vida** sobre las cuales podrás tener una base:

1.   **La Esfera del Entorno:** Específicamente se refiere con quién creciste, como fue el entorno en el que te desarrollaste. Aquí debes definir todo aquello que ha impactado tu vida, desde el núcleo familiar, tu escuela, tu comunidad, amigos, compañeros, colegas, etc. Todo aquello que estuvo alrededor de ti mientras fuiste creciendo.

2.   **La Esfera de la Retroalimentación:** Se refiere precisamente a lo que terceras personas te reconocen, ¿Qué es aquello en lo que las personas reconocen que sobresales? Puede tratarse de habilidades intelectuales, físicas, emocionales, artísticas por mencionar algunas e incluso una combinación entre estás, sé lo más específico posible en este punto.

3.   **La Esfera de la Experiencia:** Se refiere a la actividad o actividades que has desempeñado en los últimos 10 años, ¿Qué es aquello que has hecho que te ha convertido en alguien experimentado en tu área de especialidad? Puedes mencionar los diferentes trabajos y estudios durante los últimos 10 años incluso.

4.   **La Esfera del Pasatiempo:** Se refiere en pocas palabras sobre que es aquello de lo que disfrutas hablar en tu tiempo libre. Aquí entran tus pasiones, hobbies, pasatiempos, aquello que te divierte, lo que te entretiene, lo que te relaja, en otras palabras, lo que disfrutas. Quizá seas alguien que le apasiona el cine, o la pintura, o la música, o la fotografía, o los deportes o viajar, en fin, no hay límites, sin embargo, trata de ser lo más específico

posible. Si eres una persona de gustos diversos y amplios, te sugiero que seas selectivo y escojas aquellos que más disfrutes.

Recuerda debes **mantenerlo simple** – Un enunciado que te defina en función de tu destino. Un consejo que también te será de utilidad es que te enfoques en aquello que has estado haciendo por gusto, piensa en aquello que querías hacer en tus años de juventud durante tu niñez o adolescencia temprana.

Por ejemplo, en mi caso sería: *"Compartir el conocimiento de los expertos que han impactado al mundo y me han ayudado a ser una mejor versión"*.

Cuando tú estés definiendo el enunciado de tu destino recuerda que **el ajuste del 5%** (hablaremos de este ajuste posteriormente) aplica más que nunca y debe ser la base de lo que definas, ya que es lo que te llevará a concretar y destacarte en aquello que decidas hacer, su máxima es que puedes ser promedio en muchas cosas, pero debes ser EXTRAORDINARIO en **UNA SOLA COSA**.

Peter Drucker en su libro Managing Oneself, menciona algo que complementa el punto anterior y es que NADIE puede alcanzar la GRANDEZA si se construye sobre sus DEBILIDADES. **Siempre debes construir sobre tus FORTALEZAS**. Si lo haces entonces empezarás a generar influencia, por lo que debes inspirar esa libertad intelectual.

No olvides 10 a 20 palabras como máximo, define el enunciado de tu destino y moldea tu vida acorde al mismo.

Enseñanza 3. Las 10,000 horas de vuelo

No hace mucho leí sobre el concepto de las 10,000 horas de vuelo que se refiere al término que introdujo **Malcolm Gladwell** en su libro **Los Fuera de Serie**, sobre la cantidad de tiempo que necesitamos practicar para dominar cualquier habilidad.

En sí el autor dice que, para alcanzar la excelencia, se debe tener una acumulación de **10.000 horas de práctica**, esto quiere decir 10 horas por semana en 20 años, 20 horas por semana en 10 años o 40 horas por semana en 5 años. Es decir, el éxito no llega de la noche a la mañana ¿Cierto?, y si eres de los que asume que si puede llegar, te diría... y ese éxito efímero... ¿Perdura? recuerda el viejo dicho: Lo que fácil llega fácil se va.

Ahora bien, difícilmente alguien puede negar que vivimos en un tiempo en el que estamos tan llenos de estímulos externos los cuales están impactándonos constantemente ya sea de valores, intereses, moralidades, etc. El punto que tienes que comprender es que no podemos tener un control real sobre todo lo que nos llega.

Como referencia en el año de 1981 había sólo 1 video musical, y en 1991 había sólo 1 sitio web. ¿Cuántos hay hoy en día?

Ten presente que somos criaturas que aprendemos por medio de los sentidos, es decir de lo que vemos, olemos, oímos, sentimos, degustamos, y todos estos estímulos nos llegan por todos lados, todo el tiempo, es fácil perder el enfoque ante tal cantidad de distractores.

Por ejemplo, en YouTube el 40% de las personas escuchan música y ven videos ahí, estamos hablando de millones de personas, te pregunto **¿Qué crees que sucede?** Correcto, al momento que te entretienes estás recibiendo mensajes, ¿No me crees? Fácil, analiza la ropa que traes puesta, posiblemente tu vestimenta se basa por todo lo que has recibido de los medios de comunicación masiva.

Lo que debes tener claro es que estás siendo sobre estimulado, y esto, puedes tener la certeza, que podrá afectar tu percepción del tiempo sobre lo que te tomará tener ese resultado que deseas, lamentablemente las personas olvidan o bien desconocen la historia de Bill Gates (ya comentamos sobre ella previamente), algo que los medios por obvias razones tampoco muestran (no olvides el concepto de la era del microondas)

Sabemos que Bill Gates es uno de los hombres más ricos del mundo, sin embargo nuestro cerebro por lo general no se acostumbra a pensar de forma retrospectiva, y desconocemos la línea de tiempo real, ya que los medios masivos de comunicación no te hablan de lo que pasó, **sino de lo que es hoy**, porque eso **vende**, simple, no te hablan de Bill Gates en sus 20's, sino que solo te hablan de sus 30 años en adelante cuando se **hizo millonario**, eso sí vende, ni tampoco te dicen que él no descanso ni un solo día durante la década de sus 20's.

Considera que los mejores trabajos de los artistas les han tomado de **10 a 20 años desarrollarlos**, y lo mismo aplica para los genios, los músicos, los emprendedores, etc. Por ejemplo conocemos y hemos escuchado las fantásticas obras de Mozart, incluso sabemos que era conocido como el niño prodigio, que desde los 7 años componía, sin embargo sus mejores obras (y más famosas) no llegaron hasta después de los 21 años, es decir después de 10,000 horas de práctica, lo mismo podemos decir de los Beatles que fueron años de componer canciones y de tocar en los suburbios de Liverpool hasta que fueron descubiertos y se convirtieron en el grupo musical más famoso del planeta, o Warren Buffet el inversionista más reconocido del mundo (lo mencionaremos nuevamente más adelante), el cual lleva más de 70 años invirtiendo y dominando su arte, sólo como dato su primera compra de acciones la hizo a los 11 años de edad en el año de 1941, sólo por mencionarte algunos ejemplos.

Déjame comentarte algo, previamente los antiguos filósofos pensaban que lo más importante que se podía hacer con las personas era **enseñarles a vivir**, es una pena que actualmente muy pocos padres enseñan a sus hijos a vivir, si las personas no aprenden a vivir desde pequeños suelen sufrir el resto de sus días. Entre más investigo y aprendo de los grandes me doy cuenta de que todos tuvieron un momento en su vida donde debieron aprender esto, debieron seguir las instrucciones y recibir la formación debida (Michael Jordan, Dalai Lama, Elon Musk, Oprah Winfrey, Steve Jobs, entre muchos otros). Estamos llenos de mitos de los **resultados rápidos**, la mentalidad de la lotería, y esto aplica a cualquiera de los **4 pilares** (salud, riqueza, amor, propósito), por ejemplo, las dietas, ¡resultados rápidos!, sin esfuerzo, para luego rebotar y repetir el patrón. Pero es lo que vende y las personas aman los espejismos.

Alguien dijo una vez: "Una cerca que levantas rápido se cae rápido".

Una forma de entender esto es que no importa que tantas horas vayas al gimnasio, necesitas tiempo para desarrollar el músculo, el cuerpo necesita tiempo para ajustarse, punto. No hay resultados mágicos, sino que son **las consecuencias de un proceso bien estructurado**.

Otro consejo que da uno de los grandes previamente mencionado, el inversionista más famoso del mundo Warren Buffet sobre el concepto de cómo llevar una relación de pareja feliz y duradera, es que él dice que la clave de un buen matrimonio es tener **expectativas bajas**, (digo, lo dice alguien quien sigue casado con la misma persona desde la década de los 50`s). Esto puede causar ruido a algunos, sin embargo, tiene un sustento, mira, debes tener **expectativas grandes en el largo plazo**, eso es correcto, pero **no esperes cambios revolucionarios en el corto plazo**. Analízalo como cuando tienes un bebé (o cuando inicias una empresa), quien ha tenido un bebé, sabe que los primeros años se trata de dar, pero si lo haces bien, poco a poco empiezas a recibir, todo aquello que diste, si tu inviertes en ese bebé los dividendos llegan en el momento correcto.

La tentación de rendirse siempre está presente cuando uno no ve el resultado, pero recuerda, bajas expectativas, se trata del largo plazo, no olvides la década perdida a la que hace mención Bill Gates.

Hay momentos en los que a ti te toca dar, es el momento que te definirá el resto de tu vida, lo peor que puedes hacer es **renunciar al corto plazo**, eso se convierte en un hábito, y te encuentras en un círculo vicioso de inicio y renuncia constante afectando tus resultados de ¡mediano y largo plazo! Las expectativas deben ocurrir en el lapso correcto del tiempo, la clave es **tener una línea de tiempo realista**.

Analiza biografías de los grandes, y revisa el contexto correcto (como se dieron las cosas, cuanto tiempo pasó, que pasó, etc.) de personas como el coronel Sanders, Mahatma Gandhi, Sam Walton, Ray Kroc, Nelson Mandela, entre otros, y lo entenderás mejor.

¿Significa entonces que para tener un resultado tendré que trabajar por décadas? Si eres **humilde y enseñable** no tiene por qué ser así y esa es la ventaja, ya que puedes aprender y ajustar esa línea de tiempo, cuando conoces la historia de todos estos grandes cambia **tu estado mental** para tener la expectativa acorde a la línea de tiempo correcta.

Quiero que analices las siguientes preguntas y las respondas con sinceridad

1. ¿Cuándo tomaste un marco de tiempo no realista con relación a la Salud?
2. ¿Cuándo tomaste un marco de tiempo no realista con relación a la Riqueza?
3. ¿Cuándo tomaste un marco de tiempo no realista con relación a lo Social?

4.   ¿Cuándo tomaste un marco de tiempo no realista con relación al Propósito?

5.   ¿Cuál fue el marco de tiempo más realista para cada uno de estos?

Si algo he entendido y te puedo compartir, es la cantidad de tiempo y recursos que las personas pierden en su afán precisamente de querer reducir su línea de tiempo para conseguir el resultado más rápido. No lo olvides el resultado es consecuencia directa del proceso bien ejecutado.

Nota adicional: Una y otra vez se dice que los seres humanos estamos "configurados" precisamente para ser seres sociales, por lo que si tú quieres ser más feliz debes cultivar precisamente este aspecto de tu vida, la parte social.

Enseñanza 4. Ama tu rutina

Hoy en día se habla mucho sobre "**optimizar**" la vida, de tal forma que hagas mucho menos y delegues más, a tal punto que muchas personas piensan que esa es la clave de una vida feliz, *"trabajo pocas horas en mi profesión, en mi negocio, o cualquier actividad, y subcontrato el resto de los servicios, entonces me olvido de eso y **disfruto** el tiempo haciendo lo que me gusta... mientras mi negocio, profesión o actividad crecen dándome cada vez más y mejores dividendos".* Si acaso compartes esa forma de pensar entonces esta enseñanza aplica a ti

Quiero poner en el contexto de esta enseñanza a 2 celebridades: Elon Musk y Tim Ferriss, por un lado tienes la postura de trabajar 14 horas al día (Musk) vs trabajar 4 horas a la semana (Ferriss), de hecho Ferriss tiene un libro llamado precisamente así **La Jornada Laboral de 4 Horas** que ha sido un éxito rotundo, sin embargo pienso que se ha mal entendido el mensaje, (y creo entender por qué usó ese nombre, Ferriss es un genio al igual que Musk) ya que de ninguna manera se trata que trabajes mucho menos subcontratando todo y te olvides del asunto, ese concepto de *tener una idea "millonaria" y delegar todo a terceras partes y el éxito llegará a ti mientras tú estás en la playa sin hacer nada...* déjame te digo que eso es basura, por eso es que mucha gente es timada, y seguirá pasando mientras comparta ese tipo de mentalidad. Mas bien a lo que se refiere el autor Tim Ferrisss es que debes entender que hay cosas que no requieren que las hagas tú directamente, pero debes saber de qué se trata y dominar al menos medianamente el tema, es ahí cuándo puedes empezar a delegar para que no te vean la cara... y sólo entonces asegurarte de que tu tiempo se aproveche trabajando sobre tus fortalezas. Con esto no quiero decir que Tim este en lo incorrecto, de hecho, es una de las personas más influyentes en el mundo en términos de productividad y optimización (una especie de laboratorio viviente) y sabe de lo que habla, sin embargo, hay que entender el contexto y la base de las cosas. Te haré una pregunta:

¿Cuántas personas que han impactado al mundo conoces que trabajen solo 4 horas a la semana y se olviden de todo?... Ninguna.

¿Te imaginas si Bill Gates o Steve Jobs hubieran dicho – *"mmm esto de hacer computadoras personales es una pesadez que no entiendo, mejor deja subcontrato a otros que se encarguen de la revolución y cambien el mundo mientras me voy a descansar al sofá de mi casa"* ... ¿Te imaginas?, la verdad es que yo tampoco.

Ahora, analicemos el contraste, Elon Musk, creo que por lo menos hasta hoy es la única persona viva que ha sido capaz de crear **3 compañías billonarias** desde cero (Tesla, Space X, Solar City) así como uno de los fundadores de **PayPal**, participación la cuál vendió en 100 millones de dólares y con eso fue que creó estas nuevas compañías, como anécdota, debido a esta inversión llego al punto de quedarse sin dinero y tener que pedir prestado para pagar la renta. Pero... es Elon Musk una persona que constantemente está trabajando y desarrollando nuevas cosas.

Él da un consejo bastante valioso, que vale la pena mencionar, él dice que, si tú trabajas 100 horas por semana en lugar de 40 horas, tú serás capaz de completar en 4 o 5 meses lo que te hubiera tomado un año alcanzarlo, claro bajo el supuesto de una productividad lineal, esa es su forma de ver las cosas, y es precisamente esa forma de pensar la que lo ha llevado a generar esos resultados extraordinarios que hoy conocemos.

Te pregunto ¿Qué opinas, estás de acuerdo con esa filosofía, o te parece fuera de balance?

Hay un secreto que estoy a punto de revelarte que es el causante precisamente de que Elon Musk y otros grandes logren mucho más que la mayoría de las personas. Presta atención, el problema de las personas que aman la mentalidad de trabajar sólo 4 horas a la semana, es porque **odian su rutina**, no les gusta lo que hacen y entre menos tengan que destinar su tiempo a la misma mucho mejor. Son personas que buscan escapar precisamente de ella, y esperan con ansias el viernes y se deprimen los domingos en la noche. Sin embargo, hay una cuestión que debes saber y debes comprender muy bien. Si quieres lograr grandes cosas en tú vida debes **AMAR TU RUTINA DE TRABAJO**.

Gary Vaynerchuck el famoso emprendedor de las redes sociales dice que él cada domingo por la noche se siente como si fuese un boxeador a punto de iniciar una pelea por el campeonato, es una persona que ama tanto lo que hace que los fines de semana está esperando los lunes con ansias para reactivar su rutina. ¿Qué tipo de persona eres tú?

Hay un ejemplo muy interesante de Alba Edison, una cita donde simplemente comenta, *"me imagino que habría pasado si alguna persona con habilidad para hablar de los que estén a favor de las jornadas de trabajo reducidas me hubiera seducido a creerlo..."* aclaro, en aquellos tiempos las jornadas reducidas eran de 8 horas al día, es decir, nuestras jornadas actuales, él se que quejaba que la gente trabajara sólo 8 horas al día, sin embargo, la razón de esto es porque una persona como Edison realmente amaba su rutina, yo te aseguro que si tú amas la tuya sentirás que las 24 horas del día no te serán suficientes para continuar realizándola.

Así que no permitas que esa mentalidad de trabajar lo mínimo posible invada tu mente y se convierta en un cáncer, que afectará tarde que temprano otras áreas de tu vida. No hace falta más que ver cómo están los empleos hoy en día y como las personas cada vez quieren hacer menos y ganar más como por decreto, pero sin resolver el problema, ya que siguen buscando un escape por lo que quieren trabajar lo menos posible. Sin embargo, mi énfasis no es que trabajes más y te encuentres en un desbalance, lo que yo te digo es que debes amar tu rutina, y si no está sucediendo eso entonces haz los ajustes ahí. La vida es la rutina que tienes, lo que vives en el presente y ¿Sabes? tú tienes todo lo que requieres justo ahora.

No quiero que confundas el hecho de trabajar apasionadamente con el hecho de ser un *"workaholic"*, es decir un adicto al trabajo, recuerda evita caer en situaciones extremistas, considero que las personas que caen en esta categoría se encuentran desbalanceadas y hacen cosas que realmente no quieren hacer, ya que de igual forma usan el trabajo como escape de otras responsabilidades que no quieren enfrentar, ¿Si me captas? Ahora tenemos la otra cara de la moneda, créeme tú no puedes subcontratar todo, nuevamente, te imaginas a un Gandhi diciendo - *mmm dejare que los demás se encarguen de la revolución mientras yo hago lo que me gusta, y me quedo con el crédito* - la verdad es que lo dudo. En orden de ser un líder debes acostumbrarte a hacer las cosas y a tomar la responsabilidad de estas.

Me gustaría compartir contigo una reflexión, el ser humano por lo regular basa sus decisiones en el principio del **hedonismo**, el cual se refiere a evitar dolor y obtener placer, la cuestión es que si queremos tener una vida que valga la pena el contraste debe estar presente, es decir una vida sin retos ni desafíos no brinda ningún tipo de experiencia, dicho de otra forma, si buscamos siempre la vida cómoda dentro de nuestra zona de confort será cuestión de tiempo para que la vida empiece a carecer de sentido, cuántos casos de personas conoces o has visto en las noticias que terminan con su vida, la cual aparentemente era muy buena (o al menos muy buena para nuestra forma de verla). La verdad es que algo de contraste ofrece balance, sentido del logro y mayor satisfacción.

Ahora bien, me gustaría que consideraras lo siguiente, si sientes que la idea de trabajar 4 horas a la semana es fantástica seguramente estás en alguna de estas fases:

• Quizá eres perezoso o perezosa porque la rutina te resulta aburrida.

• Quizá estás aburrido o aburrida por estar haciendo lo incorrecto.

• Quizá fuiste seducido o seducida por una mala intención respecto a la utopía de sólo trabajar 4 horas.

Responde con sinceridad si alguno de estos es tu caso.

El autor del libro Flow (flujo) **Mihaly Czizenmihaly**, menciona que la base de la felicidad (o al menos sentirla por momentos) radica en hacer las cosas que disfrutas que te sacan de tu zona de confort, es similar a decir que la felicidad es proporcional a la sensación de logro en nuestras vidas. Ya que se generan 2 frentes de felicidad, primero la **felicidad de la experiencia** y segundo la **felicidad de la memoria**.

Voy a concluir esta enseñanza con lo siguiente, recuerda **ama tu rutina de trabajo,** de tal forma que no se sienta más como tal, ya que, si eso sucede, no te preocuparás por mirar el reloj, sino al contrario, estarás en una etapa de *momentum* (logro constante), avanzando y destinando tu tiempo en aquello que disfrutas, si eso sucede qué más da si son 4, 8,16 o más horas, tú estarás disfrutando cada momento.

Quiero que analices la siguiente pregunta y las responda con sinceridad

1. ¿En cuál de las 4 grandes áreas de tu vida has tenido esa mentalidad de trabajar sólo 4 horas por semana (quizá inconscientemente te has saboteado, tratando de acortar el proceso por el hecho de no sentir placer con relación a lo que haces) y cuál es tu plan para corregirlo con lo que ahora ya sabes?

Enseñanza 5. El mono en la jaula

Martin Seligman - Especialista en psicología positiva, llegó a una conclusión, lo que hace infeliz a las personas es sentirse impotentes ante las circunstancias y aceptar que lo son.

Él hizo un experimento muy controversial con caninos los cuales en base a castigos los fue condicionando para que se sintieran impotentes a escapar del lugar donde estaban, en un inicio los perros saltaban e intentaban escapar, cada vez que esto sucedía él les daba descargas eléctricas de tal forma que eventualmente cada vez lo intentaban menos, llegado a un punto en que ya no lo intentaban en absoluto. En ese momento el quitaba los límites que no dejaban salir al animal, pero este ya no lo intentaba más, y simplemente se quedaba tirado en el piso, sufriendo de depresión, pero sin intentar hacer algo distinto. Quizá en este momento te preguntes... ¿Bueno y eso qué tiene que ver con nosotros los humanos?

Antes de contestarte te daré otro ejemplo: **El mono en la jaula**. Los monos son animales salvajes que para desarrollarse necesitan estar en un hábitat con los peligros que representa. Cuando un mono es capturado y se coloca en una jaula, y el cuidador se encarga de alimentarlo, el mono pierde toda esperanza de salir y se condiciona a vivir en base a lo que el cuidador le da.

En tu camino hacia lo que quieras conseguir este es uno de los obstáculos más recurrentes según Martin Seligman, ya que compramos la idea del entorno la cual se puede resumir en una sola palabra que es el **condicionamiento**. Es decir, nos condicionamos al entorno sea cual sea este.

Los hechos nos dicen que si un mono pasa el tiempo suficiente dentro de su jaula, donde se le reprime cualquier intento de escape, no pasará mucho tiempo para que el mono pierda la esperanza de salir y opté por dejar de intentarlo a pesar de que la jaula quede abierta. Esta historia quizá la conocías de otra forma como "El Elefante amarrado a la silla", mismo trasfondo... el condicionamiento y, esto aplica perfectamente a nuestra sociedad hoy en día, y si no tienes cuidado con este condicionamiento después será muy complicado romperlo.

Tal pareciera que el sistema que nos "regula" nos condicionará precisamente para no ser útiles. Es decir, premia al que obedece y castiga al rebelde. Premia al que no se equivoca y reprime al que no sigue las reglas (hay que ser cuidadoso y diferenciar orden de imposición), bajo este tipo de comportamiento estamos siendo condicionados en nuestra propia jaula de la vida, o bien, para la gente que guste del cine "*La Matrix*". No importa cómo quieras llamarle, el contexto es el mismo. Ya que estamos en una sociedad tan condicionada que a pesar de que las puertas de la jaula estén abiertas para la libertad, se prefiere no salir por ese temor al riesgo de lo que podría pasar. Sin embargo, debo comentarte algo:

Para ser feliz no puedes ser el mono en la jaula.

En la vida moderna un patrón que se da al hablar de ingresos es que las personas se vuelven esclavos de sus salarios. Y quiero profundizar más sobre este concepto, deja te comento que un reflejo de este condicionamiento se da de forma muy natural en el ámbito laboral, y enfrentémoslo, no importa que puesto tengas ni en qué compañía estés, al momento de ser empleado, tú estás intercambiando parte de tu vida por un salario, en otras palabras un intercambio de tiempo-salario, para muchos esto no es otra cosa que el ser esclavo de escritorio en un contexto moderno aprobado por la sociedad. Cabe señalar que esto no es que sea malo ni mucho menos, recuerda no se puede ser extremista sobre el tema ya que hay muchos matices grises en esto, así como diversas ventajas si se saben aprovechar, sin embargo, debes estar consciente de este tipo de condicionamiento salarioesclavo, que se da de manera muy recurrente, seguramente conocerás a alguien que se queje de su trabajo, la pregunta es ¿Por qué no renuncia o lo deja y vive acorde a sus deseos? la respuesta seguramente la sabes, debido a que necesita la paga y esto sucede cuando el ingreso principal de tu actividad va para otros y no para ti.

Para este momento quiero que tengas 2 conceptos en mente, la **Jungla** y el **Riesgo**. La jungla representa el riesgo y en el mundo moderno literalmente estas en la jungla. Esta analogía relaciona al riesgo con estar inmerso dentro de una jungla, te lo digo ya que por lo regular nos enfocamos tanto en nuestra actividad que muchas veces no vemos hacia dónde vamos, y nos perdemos dentro de esta "jungla". Para salir de la jungla hay que hacer una pausa y subir al punto más alto que se pueda para visualizar el panorama y encontrar la ruta adecuada. En la vida esa pausa muchas veces no se da, por el temor de perder lo mucho o poco que se ha conseguido.

El objetivo radica en salir de la Jungla, como dice **Seth Godin** en su libro ¡**Hazlo!**, Jungla = Riesgo, **debes tomar el riesgo para entonces moverte hacia la buena vida.** Si me has seguido en mi contenido sabrás la importancia que le doy al concepto de **estar en movimiento**, ya que ahí está el problema principal, el sistema, la jaula como quieras llamarle su objetivo consiste en tenerte quieto, y es cuando entra en acción uno de los pecados capitales más predominantes que es **la pereza** ya que está te mantendrá atrapado en la jungla y nunca saldrás de ahí si no afrontas el riesgo.

Vivimos en una etapa del tiempo donde basta presionar un botón para conseguir la mayoría de las cosas incluso hasta la comida, nos hemos vuelto sumamente dependientes de las comodidades del entorno donde si no tenemos cuidado nos volvemos completos inútiles... no te olvides del mono en la jaula.

Algo que aprendí de una persona que admiro es que dice:

"No existe una fórmula para la felicidad, o al menos no absoluta, sin embargo, a nivel personal considero que una forma de encontrarla radica en el balance, este debe estar basado en 4 pilares fundamentales que son:

-Salud.

-Riqueza.

-Social (que engloba pareja, familia y amigos).

-Propósito.

La buena vida se da cuando tomas el riesgo de regir tu vida en función de estos 4 pilares fundamentales".

Y al ser pilares deben trabajarse de forma sólida. Sin embargo, no olvides **debes ser rápido, pero no con prisa** cuando trabajes en estos, no querrás que se derrumben al primer contratiempo.

Una pregunta bastante frecuente de las personas de edad adulta es...

No entiendo que es lo que debo hacer, he hecho lo que se supone debía, pero no me siento bien al respecto, como saber...

¿Cuál es el propósito para tener mayor sentido?

Aquí es importante volver a los orígenes, una forma que nos ayudará a tener mayor claridad sobre lo que realmente deseamos (o al menos nos gustaría de la vida) basta con remontarnos aquellos años de la niñez o adolescencia temprana, se dice que alrededor de los 14 años es cuando nuestra mente está a plenitud sin condicionamientos, ahí es donde debemos remontarnos y hacernos la pregunta:

¿Qué era lo que yo quería en aquel momento?,

Esto pondrá a trabajar nuestra creatividad y si estamos determinados nos hará movernos hacia lo que realmente disfrutamos, regularmente **cuando hay carencia de creatividad se juega el rol de víctimas,** ¡cuidado! Es por eso por lo que mucha gente se queja, sin embargo, no hace nada para salir de su situación. Como dijo Albert Einstein: **La solución a un problema no puede darse al mismo nivel en el que se creó.** Algo similar comento Jeff Bezos fundador de Amazon cuando uno de sus colaboradores no terminaba de resolver un problema: **Piensa en todo aquello que está fuera de tu control e innova fuera del problema.**

En pocas palabras, si no te gusta tu situación entonces innova en la solución. Reitero piensa en cuando tenías 14 años, ¿Qué pasó? ¿Por qué no seguiste esa línea? ¿Acaso creíste la historia que te contaron y te convertiste en el mono en la jaula?... Es algo que sólo tú podrás responder. Sólo recuerda que las únicas personas que quedan atrapadas son aquellas que compraron la idea de no ser capaces y se volvieron impotentes.

Quiero que analices la siguiente pregunta y la respondas con sinceridad

1. Piensa en un área de tu vida que en el pasado te hayas sentido desmotivado o impotente (te hayas convertido en ese mono en la jaula) ya sea en la salud, en lo social, en el propósito, etc. y ahora sabiendo que vives en el mundo moderno con todos los recursos a tu alcance, ¿Qué harías diferente respecto a esa situación, que riesgo tomarías para salir de esa jaula?

Enseñanza 6. La vida no te da algo que no merezcas

Eran las 12 del mediodía del mes de agosto del año 2008, me encontraba algo angustiado ya que mi bebé de 4 meses no tenía pañales ni leche para ese día, yo me encontraba sin dinero, y vivía a expensas de préstamos y tarjeta de crédito, ese día recuerdo bien que iba a recibir un pago por algunos servicios que había ofrecido con mi empresa la cual estaba al borde de la quiebra. Recuerdo el momento preciso en el que me subo al auto para ir a cobrar ese pago, dejo a mi hijo llorando y su madre molesta por la situación. Camino a cobrar el pago iba reflexionando sobre cómo fue que terminé en una situación así, en qué momento mi vida se salió de control, que fue lo que hice mal, y sobre todo cómo es que iba a salir esta. En fin, lo bueno es que ese día recibiría el pago de varios meses de servicio que había ofrecido a crédito y el cliente me dijo que fuera a recoger el pago, eso me daría un respiro de algunas semanas para reestructurar mi plan y encontrar una solución que resolviera el problema. Recuerdo que el auto apenas tenía gasolina para llegar al lugar por lo que fui incisivo con el cliente que debía recibir el pago completo.

Sin embargo, no dejaba de sentirme angustiado, pensando una y otra vez como fue que llegue a esa situación, al llegar al domicilio del cliente, me percaté que algo extraño sucedía, no se veía ningún tipo de actividad, ni tampoco ninguno de los autos del negocio, estacioné el auto, me bajé apresuradamente y toqué el timbre, una vez...dos veces...5 veces... era inútil, no había nadie en el lugar, tomo mi teléfono, le marco al cliente y no responde, repito esta operación de llamarle al menos 10 veces y nada, en ese momento me di cuenta que estaba en serios problemas...

Esta es una historia real, es mi historia de ese día de aquél año, la recuerdo como si hubiese sido ayer, y recuerdo ese día precisamente porque fue mi punto de quiebre, fue cuándo la esperanza me abandonó y me sentí perdido como nunca lo había estado, me veía a mí mismo como un rotundo fracaso, sentía vergüenza de mi situación y de mí mismo, y lo peor lo vulnerable que podía llegar a ser por la decisión de una persona. No te aconsejo que recorras este camino para aprender lo que voy a decirte y si estás en el mismo camino entonces esto que estoy por compartirte podrá salvarte.

La enseñanza es simple, **la vida no te da algo que no merezcas**. ¿¡CÓMO!? Sí, así como lo lees, cualquier situación que te pase es resultado directo a la calidad de decisiones y acciones que tomas.

Para bien o para mal me di cuenta de esto gracias a las malas decisiones que tomé, lo curioso es que el resultado de las decisiones que uno toma no se da al instante, pueden tomar meses o incluso años. Te diré que fue lo que pasó conmigo para que esto te sea más claro.

Durante mucho tiempo fui una persona que siempre buscó **la ley del mínimo esfuerzo**, buscaba el camino fácil, me creía más listo que el resto si terminaba una actividad antes que los demás, si sacaba una mejor calificación, o si obtenía una mayor ventaja que mi contraparte en una negociación, así regí mi vida prácticamente por algunos años, sin mayores contratiempos, en una zona de confort de la cual me quejaba pero seguía ahí, algo dentro de mí me hacía sentir que esa no era la vida que yo merecía (o quería según fuera el caso), pero ahí seguía. Ese comportamiento de buscar la comodidad sobre otras cosas se convirtió en un patrón, ese patrón en un hábito y ese hábito en un estilo de vida. Era de las personas que no quería tener conflictos (digo, ahora sé que habrá momentos que sean necesarios), y con tal de evitarlos cedía sobre mis propias convicciones, en el trabajo tuve buenos y malos jefes, ellos veían cierta clase de potencial en mi pero... al ver que yo no hacía más que lo necesario tampoco hicieron un esfuerzo mayor por reconocerme (y tenían toda la razón), fue por eso que pase varios años estancado en el mismo empleo sin pena ni gloria.

Claro en mis adentros la voz cada vez gritaba más, pero yo seguía sofocándola con la misma rutina diaria y con pequeños escapes de vez en cuando que me hicieran olvidar un poco la realidad.

¿Cuántas personas conoces en una situación similar?

Quiero decirte que este comportamiento duró por años hasta que un día tal como te lo comenté previamente un detonante llegó a mi vida y quise cambiar años de condicionamiento en cuestión de semanas. Te explico...

El hecho de estar en una zona de confort me hizo creer que las cosas serían fáciles, ya que, lo que hice para cambiar fue comprar las historias de éxito de revistas como ENTREPRENEUR, escuchar las noticias financieras en la mañana por la radio, leer el periódico la sección de negocios y comprar libros comerciales relacionados al tema. A las semanas de estar con esta nueva actitud yo me sentía un experto, mucho más brillante que mis compañeros de trabajo, mucho más avanzado que el viejo yo, y era momento de entrar en acción. El mundo es de los que se arriesgan, es de los intrépidos, estaba soltero y sin hijos, al final que podría salir mal...

Conforme más avanzaba con ese tipo de información, me di cuenta de que mi voz interior gritaba más fuerte y me decía cosas como:

- Eres demasiado bueno para ese trabajo aburrido que tienes.
- Usa la deuda buena que te ofrecen los bancos y arriésgate en ese negocio.
- Para ganar en grande hay que ir por todo.
- Puedes mantener tu trabajo por estrategia mientras haces crecer tu negocio de medio tiempo.
- En su momento debes renunciar a ese empleo.
- Mereces ser libre.
- Tu entorno no te entiende, tendrás que hacerlo sin ellos, es momento de empezar.

Estas son sólo algunas cosas que estaban en mi cabeza todo el tiempo, sin embargo, recuerdas que yo vivía en una zona de confort en la cual quería evitar cualquier tipo de conflicto... Bien espero ahora me captes mejor porque digo que la vida no te da algo que no merezcas.

Mi inquietud interna, mi voz interior quería una cosa, pero mi condicionamiento de años era opuesto a lo que mi deseo demandaba. Es como decir que quieres correr un maratón en un mes, pero nunca has corrido un kilómetro, lo que es peor nunca te has preocupado por mantenerte en buen estado físico, ¿Qué crees que va a pasar?, ¿Crees que sólo por desearlo las cosas se van a dar a tu favor? En mi vida nunca había emprendido nada, no había hecho un negocio, no conocía de temas fiscales ni financieros, no sabía de temas contables, ni mentores, ni personas exitosas en eso que quería hacer. Sin embargo, nada de eso me importó, es más, no sabía que debía saberlo, en mi mundo nada de eso existía.

Te diré brevemente como fue que pasé de estar en una zona de confort a una zona de horror. Primero recuerda, **la vida no te dará algo que no merezcas.** Mientras estaba en mi zona de confort mi comportamiento era congruente a la situación en la que me encontraba, la vida me daba precisamente eso. Cuando cambié mis pensamientos, quise lograr los resultados teniendo el mismo comportamiento de mi zona de confort, es decir algo incongruente lo cual se convirtió en una fórmula para el fracaso. Apostaba a la idea que alguien más se hiciera cargo del trabajo que yo debía hacer, mientras yo me quedaba con el resultado. Seguía con mi mentalidad de ley de mínimo esfuerzo, así me había desempeñado antes, pensé que aquí podría funcionar igual, de esta experiencia saqué una receta, una receta para fracasar que te diré a continuación.

Receta para el fracaso, piensa que:
- Todo saldrá perfecto a la primera.
- Otros estarán trabajando duro velando tus intereses.
- Invertir en bienes raíces es muy seguro.
- Tener un trabajo y un negocio a la vez es sencillo.

- Empezaras a ganar más dinero en cuanto inicies tu negocio.
- Lo mejor es colocar todos los huevos en la misma canasta.
- No necesitas aprender conocimientos relacionados a tu emprendimiento, para eso están los profesionistas que se les paga.
- No tendrás que sacrificar tu tiempo.
- Ceder y evitar conflictos te ayudará a mantenerte enfocado.
- No debes escuchar opiniones contrarias a la tuya, ellos no saben.
- Debes aplazar decisiones importantes si eso te va a generar alguna incomodidad.
- Tu pareja no afectará el resultado de tu proyecto.
- Tus gastos permanecerán constantes.
- Tú sólo puedes con el negocio sin ayuda de nadie.
- Pedirle dinero al banco es una gran forma de financiar tu proyecto.
- Tu negocio reemplazará tu empleo rápidamente y podrás vivir del mundo disfrutando de mayor tiempo libre.

Puede haber más puntos a destacar, pero considero que con esto te queda clara la idea que quiero compartirte, esa receta reflejaba mi forma de hacer las cosas, así las había hecho por años y mi condicionamiento bajo ese lineamiento estaba destinado para fracasar como emprendedor, si quieres saber cuál es la receta del éxito al momento de emprender, sólo haz lo contrario de los puntos listados en la receta previamente.

Recuerda, la vida no te da algo que no merezcas, hice sólo una parte de la ecuación pero sin la formación y el estado mental correcto (que era la otra mitad), el resultado termino en desastre...Solamente bastó poco menos de un año para que mi vida diera un giro de 180 grados, gracias a mi receta de fracaso pasé de la zona de confort a la zona del horror, que es ese estado donde tus más grandes temores del mundo real, del mundo de los adultos se hace presente. En poco menos de un año me encontraba sin trabajo, ahogado en deudas, con un negocio que era una pesadilla y que sólo me generaba más deuda, con 2 dependientes económicos que hace un año no estaban que era mi bebé de 4 meses y su madre, con riesgo de perder mi casa (si saqué una casa a 20 años para aprovechar el crédito del trabajo, claro ahora sin trabajo ese crédito debía pagarlo directamente). Así era mi realidad de ese día de agosto del 2008, donde cantidades como 30 dólares podrían significar toda la diferencia entre comer o no.

Solemos ser muy orgullosos hacia nuestros éxitos y muy temerosos hacia nuestros fracasos, yo no quería que nadie supiera de mi situación por lo que me alejé de todo mundo, si me encontraba algún conocido o familiar, siempre le decía que todo estaba muy bien, mientras ellos me contaban sus "problemas" tales como que nuevo auto comprar, donde ir de vacaciones, su conflicto por no haberse ganado el jugoso bono adicional a su prestación laboral, su nueva TV, su nueva consola de videojuegos, en fin, en aquel momento casi ninguno de mis amigos estaba casado, ni mucho menos tenían hijos, ni habían emprendido algo, ellos vivían de sus buenos salarios en sus grandes puestos, por lo que su vida resultaba muy distinta a la mía. Aún no se me olvida la sensación de sentir que había cometido el peor error de mi vida por el hecho de buscar ser libre y haber arruinado mi vida cómoda del pasado.

Sin embargo, la buena noticia es que esta ley respecto a que la vida no te dará algo que no merezcas es imparcial, funciona igual para lo bueno que para lo malo, ya había descubierto el lado malo, ahora tocaba el turno a la otra cara de la moneda.

Enseñanza 7. Ser – Hacer - Tener

Que gran verdad se esconde detrás de estás 3 simples pero muy poderosas palabras, el ser humano ha funcionado en su mayor parte del tiempo bajo este simple principio, Ser - Hacer - Tener. Sin embargo, en los últimos tiempos parece ser que esta enseñanza queda en el olvido. ¿Por qué será? ¿Por qué será, que las personas han olvidado este principio?, ¿Por qué será que las personas en la actualidad piensan que funcionará si lo hacen a la inversa? No sé si hay una respuesta concreta a ello, pero pienso que hay ciertos factores que han influido enormemente en esta afectación:

1.   **El consumismo.** La sociedad consumista de hoy quiere tener resultados acelerados, quiere pagar por aquello que desea y tenerlo al instante, los medios de comunicación masiva nos bombardean con esta base de resultados rápidos de tal forma que sólo basta adquirir "x" artefacto para conseguir eso que se desea. Pareciera que la intención de estos medios es mantenernos embobados sin necesidad de pensar por nosotros mismos, por lo general la intención es no darte mucho tiempo de pensar y también hay que aceptar que no es algo que la sociedad busque hoy en día, siempre hay una nueva promoción, un nuevo programa del que todo mundo habla, una nueva serie, una nueva película, un nuevo dispositivo, una nueva noticia, un nuevo negocio, etc. Del cual queremos saber más y eventualmente formar parte de ello.

2.   **La educación superior.** No sé en el lugar donde vivas, pero por lo menos donde vivo yo o los lugares que he visitado cada vez hay más escuelas, sobre todo de niveles medio y superior, más y más ofertas educativas para tener un mejor futuro, claro, una institución educativa es un gran negocio donde el consumo es la base de este. No por nada cada vez hay más egresados de universidades sin oportunidad realmente de ejercer su profesión ya que simplemente no hay demanda suficiente. Dicho de otra forma, la oferta supera la demanda, y ¿Cuál ha sido el problema de estas instituciones? (no puedo

asegurar que todas, sé que si existen buenas opciones, aunque también depende mucho de la persona) Que enfocan a los estudiantes en el hacer, es decir mientras alguien les diga lo que hay que hacer no hay mayor inconveniente, pero si no, es donde surge el problema. Es decir, no se enfocaron en el ser.

3. **La falta de mentores**. Hace apenas 100 años atrás toda persona que iba a una institución académica superior no podía ejercer su profesión hasta que su mentor habilitara que la persona estaba lista para ejercer. Por mentor me refiero a una persona con años de experiencia en el tema del profesionista el cual evaluara que este estuviera listo. Si me voy más atrás en el tiempo antes de la revolución industrial sucedía lo mismo, los padres enseñaban a los hijos hacer su labor, y estos a sus hijos, y así sucesivamente, las personas recibían formación e inducción constante, creando hábitos que los convertían en la persona capaz de hacer aquello que les diera el resultado que buscaban. Este principio (al menos en parte) aún aplica en ciertas profesiones específicas como con médicos o pilotos, pero ya no con la gran gama de profesiones que existen actualmente.

La pregunta es... ¿Por qué?, simple, a partir de la revolución industrial hubo unos pocos grandes hombres de negocios que entendieron el juego y crearon sus grandes corporaciones (muchas de ellas aún vigentes hoy en día) y lo que hacía falta era precisamente mano de obra calificada para ejercer las funciones correspondientes. Es a partir de ese momento que las universidades empiezan a florecer precisamente para capacitar en el hacer a las personas que posteriormente trabajaran en dichas empresas. Este modelo no fue malo, o al menos no en principio, ya que ofrecía a la gente una oferta tentadora, en lugar de ellos tener que buscar la forma de subsistir en el día a día (era agrícola) por qué mejor no dejar que su tranquilidad y futuro estuviera a cargo de una gran corporación, la cual velaría por los intereses y la tranquilidad de sus miembros. En realidad esa fue una oferta muy tentadora, tanto, que hizo casi desparecer a la era agrícola, hoy en día sólo un porcentaje muy bajo de las personas se dedican a dicha actividad, esto funcionó bien por algunas décadas, el famoso sueño americano, de tener una familia feliz, una bonita casa en un bonito vecindario con un bonito auto fue algo que cada vez se hizo más latente en las sociedades de aquella época, sin embargo, ese sistema presentaba un problema, una vez que la persona terminara su ciclo laboral, la empresa debía cubrir las necesidades de las persona como si esta siguiera laborando, un intercambio justo por los años de dedicación y esfuerzo sostenido... algo que ahora se ha vuelto insostenible. Los tiempos de bonanza de las grandes corporaciones donde estás velarían por tus intereses incluso durante tu retiro ha quedado atrás. La tecnología principalmente ha sido uno de los factores que ha propiciado todo este cambio.

La verdad es que nadie puede negar todos los beneficios que la tecnología ha traído a nuestra vida, procesos que antes tomaban días, semanas, meses, años, ahora se hacen en una fracción de ese tiempo, tenemos una vida más cómoda, más abundante de información, con mayor velocidad, con mayor libertad y mayor precisión. Podemos saber lo que sucede en el mundo en cuestión de segundos, podemos interactuar con personas que están a cientos o miles de kilómetros de distancia prácticamente al instante, podemos desarrollar negocios desde nuestra sala o bien desde el café de la esquina de nuestra casa, no necesitamos ya de grandes activos físicos, inventarios, lugares de almacenaje, incluso personal, para comercializar productos y/o servicios. Se puede decir que el acceso al mundo lo tenemos a un clic de distancia, eso es fabuloso, realmente lo es, se dice que no hemos tenido una etapa en la historia de la humanidad tan abundante y próspera como esta, quedó atrás la era industrial para entrar a la era de la información y aún siendo más específicos dentro de la era de la información nos encontramos en la era del conocimiento, sin embargo, también tiene un efecto colateral, algo que la sociedad carece enormemente y es el **estoicismo**.

Nos hemos hecho dependientes de todas estas comodidades que la tecnología nos ofrece, ahora solemos tener las cosas con un mínimo esfuerzo, pero al primer tropiezo o falla, nos resulta fácil claudicar y no buscar más eso que se desea, ya que hay tanto que siempre se está buscando algo nuevo que conseguir.

Actualmente las empresas tienen un problema con la retención del personal, la generaciones jóvenes no se ven toda su vida trabajando para la misma empresa, esperando que después de 30 años y de pasar sus mejores años de servicio en ella, ya a una edad mayor entonces retirarse y ahora si disfrutar de la vida, esa idea del sueño americano ya no funciona más, precisamente gracias a la tecnología tanto la libertad de espacio y de tiempo es una realidad, muchas personas trabajan cómodamente desde su casa (de hecho si trabajan para alguna compañía), incluso ya en algunos casos no funciona ni como prestación sino como condición ya que ayuda abaratar costos. Las empresas no dan contratos indefinidos, sino que hacen renovaciones temporales que los libren y protejan de todo compromiso. Es decir, el mundo ha evolucionado, la era industrial aún lucha por mantenerse y en varios lugares las empresas aún son como un híbrido entre ambas eras, la industrial y la de la información.

Toda esta gama de nuevas oportunidades, de abundancia, de zona de confort, de resultados rápidos aunado al bombardeo constante de los medios masivos de comunicación, el consumismo y la falta de mentores han contribuido a olvidarnos del ser, de pagar el precio, de trabajar constantemente en nuestra formación aunque no veamos resultados ni en el corto e incluso mediano plazo, a controlar nuestros impulsos por placeres inmediatos, de no saltarnos el proceso, de formar hábitos de poder, de nuestro propio desarrollo, de nuestras propias expectativas para cumplir las de terceros. Es fácil perderse ante tal cantidad de estímulos por eso es por lo que esta ley SER - HACER - TENER es tan importante.

Me tocó aprender esta enseñanza de la manera difícil, vivirlo en carne propia, me di cuenta de que esta ley aplica siempre tarde que temprano, que si te dejas deslumbrar por el engaño del entorno tarde que temprano esta ley como dije antes se hará vigente. Te diré algo que me escucharás repetir más de una vez en este libro,

"El resultado no se asimila hasta que no sabes qué hacer con él".

La realidad es que las oportunidades ahí están, todos respiramos el mismo oxígeno, tenemos la misma cantidad de tiempo, y funcionamos biológicamente de manera muy similar, entonces

¿Por qué unas personas logran más que otras?...

La clave radica en **el ser**. Si te enfocas en el ser, tu pensamiento se ajusta gradualmente, lo que te lleva a cambiar tus palabras, esto te conduce a actuar de cierta forma particular, lo que desencadena en formación de hábitos, y estos hábitos serán los responsables de tus decisiones y es en base a tus decisiones (ya sean buenas o malas) que se da forma a tu destino.

Quiero que analices las siguientes preguntas y las respondas con sinceridad

1. ¿Te ha pasado que por buscar ese resultado rápido (por haberte enfocado en el tener) has hecho algo que te hizo perder mucho más que la ganancia que buscabas?

2. ¿Qué fue lo que pasó?

3. Sabiendo lo que ahora ya sabes ¿Qué harías diferente?

4. ¿Cuál es tu plan de acción para enfocarte en el ser?

Enseñanza 8. El costo de la oportunidad y la importancia de conectar

El costo de la oportunidad es de esas frases que cada vez se hace más común, sobre todo en los ambientes de la gestión empresarial moderna, sin embargo, es algo que también ocurre en el día a día de nuestra vida habitual. Al hablar del costo de la oportunidad me refiero en pocas palabras a lo que dejas de ganar por hacer "X" actividad en lugar de "Y".

Y como mencioné antes, esto aplica a cualquier aspecto de nuestra vida, y hoy más que nunca hay que estar conscientes de esta regla, ya que, al estar siendo bombardeados constantemente de diversos estímulos e información, es fácil caer en la trampa, desenfocarnos y perder nuestro tiempo.

Esta regla aplica a todo, y te lo explicaré con un ejemplo que domino bien, LEER. Si, esta regla aplica incluso hasta los libros (si no lees mucho reemplaza los libros por otra actividad que disfrutes, quizá ver la tv, alguna serie, cine, ejercicio, videojuegos etc.) ya que el hecho de leer un libro a conciencia (tal como lo estás haciendo ahora) te va tomar tiempo y energía, por lo que más vale que este "gasto" lo dirijas lo más sabiamente posible, es por eso que debes escoger correctamente que leer, ya que será el mismo esfuerzo lo que te tomará leer un libro u otro, pero la ganancia de uno a otro puede ser muy desigual.

Lo que estoy por mostrarte a continuación es una enseñanza basada en el libro **No One Understand You and What to Do About It** (en español sería algo como Nadie te Entiende y que Hacer al Respecto) de Heidi Grant Holvorson, lo tomo por recomendación de otro de los mentores que sigo, ya que es más sencillo aprender de un camino previamente trazado que estar "adivinando" que será lo mejor, es por eso que previamente te mencioné la importancia del **costo de la oportunidad**.

Bien, dicho lo anterior entremos en materia sobre esta enseñanza y qué es lo que tienes que considerar si quieres conectar con la gente:

Busca siempre tener interacción uno a uno con personas que tienen un nivel más alto que el tuyo. Si quieres crecer y aprender de otras personas debes buscar aquellas que realmente te puedan aportar algo a tu vida y esto se logra solo buscando hacia arriba, no hacia los lados (mismo nivel) y mucho menos hacia abajo (menor nivel) y hago énfasis en que no me refiero sólo en lo económico sino en un aspecto integral. Hay una razón de esto, cuándo buscas interactuar y relacionarte con personas que están a un nivel más alto te obliga de alguna manera a hacer gala de todas tus herramientas y recursos para generar esa impresión correcta, te obliga a salir de tu zona de confort, a prepararte y sobre todo una vez hecho esto tu nivel asciende por lo que poco a poco vas mejorando tu propia versión.

Cuídate y evita lo más posible la categoría de las personas que **"NO SABEN QUE NO SABEN".** Las personas que caen en esta categoría son las más peligrosas de todas, ya que la gente se siente experta y no es consciente de su falta de conocimiento. Este tipo de personas suelen hablar mucho, y son muy soberbias en términos de libros y relaciones, son aquellas que "todo lo saben" y para todo tienen una experiencia superior a la de cualquiera. Estoy seguro de que conocerás al menos a una persona que cae en ese tipo de categoría, ahora sabes que no conviene que pases tu tiempo ahí.

Controla tu comportamiento. El relacionarte con otras personas puede ser visto como un costo si es que tú no puedes ser como realmente eres. Todo comportamiento social es APRENDIDO. Tú debes ser un MAESTRO-MAESTRA en controlar tu comportamiento. Sobre este punto hay algo que vale la pena destacar y es precisamente los tipos de energía que existen al emprender.

Para ser más precisos hay 4 tipos de energías las cuales se les abrevia con el seudónimo de PASE: o P-> Práctico. o A-> Acción.

o S-> Social. o E-> Emocional. (Ya hablaremos en otra oportunidad exclusivamente de este punto). Por ahora sólo tenlos en mente.

Escoge tu tipo de anteojos. Esto se refiere al marco en el que debemos basar nuestro trato con la gente con la intención de generar una mejor conexión, hay 3 tipos de anteojos con los cuales debemos ver el mundo de las relaciones personales:

Tipo 1. **Confianza:** Para generar la confianza debes ser cálido-cálida, mirar directo a los ojos y ser competente en el tema (es decir generar la impresión de que entiendes de lo que se habla). Como dato cualquier libro que leas te ayudará a ser más competente. El primer paso que alguien debe hacer es el de conseguir la confianza. Si quieres causar una buena impresión asegúrate de colocarte estos anteojos para inspirar esa confianza en la gente.

Tipo 2. **Poder:** Hay 3 tipos de poderes que debes conocer y con los cuales saber interactuar:

• **Más elevado que tú:** Cuando trates con alguien que este en una posición de mayor autoridad que tú, debes romper la barrera y hacer que te ponga atención, normalmente a ese nivel las personas son ignoradas. Muestra valor (habla acerca de una historia que ya este en la cabeza de esta persona), te corresponde a ti investigar y hacer tu trabajo para conocer más sobre la persona en cuestión. No olvides que el poder suele cambiar a las personas, dale poder a una persona común y el cambio ocurrirá. En términos de negocios por lo regular el cliente sabe que tú necesitas el dinero, eso los coloca en una posición de poder, debes probarte a ti mismo cuándo estés con alguien que tenga mayor poder que tú.

• **A tú mismo nivel:** Si quieres crecer, debes tratar de mantener una distancia con la gente que está a tu mismo nivel. Es decir, sí debes interactuar con ellos, pero no todo el tiempo ya que eso genera un desbalance respecto a los otros 2 tipos.

• **Menor nivel que tú:** Aquí puedes relajarte un poco, cuando estés en un ámbito donde tú tengas un nivel de autoridad mayor, son ellos los que tienen que probarse a sí mismos ante ti.

Tipo 3. **Ego:** Basado en la teoría de la mente, se dice que un niño menor a 5 años no le importa lo que piense la gente, después de los 5 años es cuando la memoria se activa y el dolor y los eventos traumáticos empiezan a impactar. Debes estar consciente que las otras personas tienen mentes, y sobre todo las personas se aman así mismas. Aquí entra el Ego y es precisamente este tipo de anteojos el más crítico de todos.

El ego actúa en las personas como si se tratase de una droga legal que estimulara la dopamina. El ego hace a las personas sentirse el centro del universo. Todo es acerca de ellos, hazlos sentir increíble cuando te escuchen. Esto nada tiene que ver con adular, sino situarte en su contexto y hacerles ver con fundamento que lo que hacen es fantástico.

Si tú aplicas y entiendes estos principios podrás conectar, desenvolverte mejor con las personas, integrarte y relacionarte de forma más efectiva en distintos entornos. La razón por la que muchas veces esto no sucede, o no nos sentimos cómodos siendo nosotros mismos, es porque no entendemos que tipo de anteojos usar con relación a nuestra contraparte.

Y déjame darte un bono de 2 consejos extras, que si bien no están ligados a conectar con las personas si tiene mucha relación en conectar con tu persona.

Evita planear con múltiples objetivos al mismo tiempo. En el lenguaje coloquial a esto se le conoce como ser "multitareas", el consejo es simple ¡Olvídate de eso! Tú nunca podrás ser igual de efectivo si repartes tu atención en múltiples proyectos al mismo tiempo en lugar de si toda esa energía lo enfocas a uno sólo, el mito del "multitasking" (o multitarea) es sólo eso, un mito.

Trataré de plasmarlo con un ejemplo, y quiero que seas ecléctico sobre esto, tú no puedes ser billonario, ser atleta de alto rendimiento y además tener una familia perfecta trabajando en todo al mismo tiempo, simplemente y con la pena, pero no es posible. Claro siempre habrá personas que te dirán que puedes tenerlo todo, es cuestión de desearlo y luchar por ello y blablablá, personas que con plena certeza no lo tienen, y hablan mucho más de lo que consiguen, sin embargo, no los voy a desmentir, sólo les aclararé un tanto la idea, tú puedes conseguir todo lo que quieras, pero no puedes hacer todo al mismo tiempo. Así que a cada cosa dale su espacio y tiempo, tal como dice el libro **UNA SOLA COSA**, descubre cuál es esa pieza de dominó que podrá derribar las otras piezas más grandes y enfócate en ello.

Siempre busca esas piezas de oro en los libros. Esto que estas leyendo, es precisamente eso, piezas de oro relevantes sobre el libro, es lo que te vas a llevar de cada lectura y lo que te ayudará a mejorar en tu desarrollo.

Quiero que analices la siguiente pregunta y la respondas con sinceridad.

1.   ¿En qué aspecto de tu vida vas a aplicar el concepto del costo de la oportunidad y cómo lo harás con la finalidad de obtener el máximo provecho del tiempo invertido?

Enseñanza 9. Dicotomía y la ley del 33%

Si, es cierto, esta enseñanza tiene un nombre algo raro, quizá sea sólo por eso que lo estas leyendo ahora. Sin embargo, me da gusto que lo hagas, y te explico por qué esta enseñanza ha tenido un impacto fuerte en mi vida, y no lo sé, probablemente termine teniendo un gran impacto en la tuya también.

Hace no mucho tiempo me encontraba en una situación de confusión, tú sabes esos momentos donde las cosas no parecen tener pies o cabeza, trabajas pero no ves el resultado, te quieres concentrar pero la atención parece haberse ido por la ventana, la creatividad de pronto no se hace presente, y ahí estás tú viendo pasar el tiempo sin avanzar realmente en eso que deseas, estás de pronto a merced de que algo externo sucediera para que ajustara las cosas, no sé si esa situación te ha pasado, te puedo decir que a mí me ha ocurrido más de una vez, y es precisamente en esas situaciones que debes encontrar el sentido real de lo que haces, con la intención de no sentirte de esa manera, y es aquí que destaco el concepto de la dicotomía.

Te lo explicaré con un ejemplo, hay una anécdota del artista Pablo Picasso donde narra que una persona de gran influencia en su vida fue su madre la que un día le dijo:

Si decides ser soldado serás general...
Si decides ser sacerdote serás Papa...
Decidí ser pintor y llegué a ser Picasso.

Creo (espero no equivocarme), Pablo Picasso fue el artista más **prolífico** que ha habido con más de **45,000** obras en su haber según algunos especialistas, y eso nos lleva a preguntarnos como una persona ha sido capaz de generar tanto... La respuesta viene de una de sus frases más célebres que dice *"Los artistas copian, los genios roban"* y Pablo Picasso era un genio de eso no hay la menor duda.

59

Ahora no me refiero robar en el sentido literal como lo conocemos, sino al hecho de ser **humildes**, observar que es lo que otros hacen, y entonces **generar nuestras propias propuestas**, eso es lo que ha caracterizado a los grandes emprendedores de este mundo, como Sam Walton, Jeff Bezos, Bill Gates, Steve Jobs, etc. Dicho de otra manera, debemos ser lo suficientemente humildes para entender que no tenemos todas las respuestas y habrá otras personas (incluyendo nuestros propios competidores) que quizá hagan mejor ciertas cosas que nosotros, y nuestra obligación debería ser precisamente determinar cuáles son esas cosas y entonces incorporarlas a nuestras propias creaciones o proyectos, créeme no sólo te ahorrarás mucho tiempo, sino que además destacarás sobre el resto rápidamente.

Ahora, por qué te menciono esto, pienso que uno de los principales problemas en los que estamos metidos como sociedad es que se enfoca demasiado en la filosofía del logro, es decir, que estamos logrando, y con esto que estamos generando. Hoy gracias a las redes sociales esto es bastante fácil de entender, donde personas publican una y otra vez pruebas de su vida, sus logros, sus juguetes, sus resultados, y pareciera que se tratara de ver quién tiene una vida mejor, quién logra más, quién tiene más.

Esto se hace aún más severo con las generaciones más jóvenes donde su vida se da por medio de un dispositivo móvil el cuál es bombardeado constantemente con este tipo de información. No lo sé, es en estos momentos donde me siento afortunado de haber nacido en una etapa del tiempo donde aún no se era tan dependiente de la tecnología ni que tu vida se rigiera por la misma. Hablo sólo desde mi perspectiva, quizá a un chico o chica de 18 años lo que acabo de decir se le haría algo tan sin sentido, como a una persona de 80 años decirle que subas su información a la nube y que me etiquete una vez que lo haga para decirle que hashtag usar para que la comparta. No podemos juzgar que hoy más que nunca se hace presente el principio de que la especie que mejor se adapta es la que sobrevive, e ir en contra de esta termina siendo una mala idea.

Pero volviendo al tema central de esta enseñanza te comento que uno de los problemas de la sociedad actual es esa filosofía del logro para demostrar ser mejor, o bien para cumplir con las expectativas del entorno y presumir de ello. La verdadera cuestión aquí radica en saber si no estamos viviendo en una dicotomía. Y para esto traigo a alusión nuevamente al Gran Genio Pablo Picasso con la famosa frase de su dicotomía que dice:

"No permitas que una dicotomía gobierne tu vida, una dicotomía en la que haces algo que odias para poder sentir placer en tu tiempo libre. Busca una situación en la que tu trabajo te dé tanta felicidad como tu tiempo libre."

Esto lo dijo un genio...

En pocas palabras hacer algo que no disfrutas para obtener el resultado que anhelas es una incongruencia, ya que no estás disfrutando el proceso que te convertirá en aquello que deseas. Por lo que no podrás conseguirlo realmente.

Seth Godin el famoso Mercadólogo lo dice mejor: *"En lugar de esperar tus próximas vacaciones, mejor elije tener una vida de la que no tengas ganas de escapar".*

Si lo pienso a detalle, y aclaro es mi percepción, considero que esto es el santo grial tan anhelado, pero a la vez rechazado por la sociedad moderna, donde la mayoría de las personas están en un trabajo o actividad que no les reconforta para conseguir el sustento que le permita tener en el plano futuro pequeños escapes de libertad o placer. Y aclaro el tema, no tiene nada de malo, absolutamente nada de malo, salir de vacaciones, relajarte, conocer nuevos lugares, darte tiempo, dejar de trabajar, en fin, nada de malo, lo que no es correcto, es que ese sea el fin del por qué haces las cosas.

¿Cuántas personas conoces que se la viven esperando los famosos días festivos para no ir a trabajar?

Personas que se deprimen si el 25 de diciembre y el primero de enero o cualquier otro día festivo cae en fin de semana, te lo digo porque yo era uno de ellos, alguien que le molestaba tanto su rutina habitual que buscaba cualquier oportunidad para escapar de ella. Nunca logré gran cosa mientras vivía en torno a esta dicotomía, te lo digo con sinceridad, mi vida fue bastante plana mientras estuve ahí, por lo que, si ves que tu vida se encuentra en un bache o en una situación muy similar al año pasado, al antepasado, a hace 5 (creo que me entiendes el punto), es muy probable que vivas en la dicotomía. Y hasta que no aprendas amar tu rutina eso seguirá igual.

Y esto nos lleva a la pregunta del millón

¿Cómo le hago para amar mi rutina?

Ok, hay que empezar por el principio. No hay soluciones mágicas, si algo no te gusta ... cámbialo, si algo no te hace feliz... no lo hagas, la respuesta podría ser bastante lógica, pero sé muy bien que eso no es suficiente, por lo que te daré una solución que si bien no es mágica, estoy seguro que cambiará tu percepción de las cosas, es importante mencionar que tú eres la única persona responsable de llevarla a cabo, tu sabrás si lo haces o no, yo sólo te proveo de aquello que a mí me ha funcionado para que tu saques ventaja del mismo.

¿Te parece bien?

De acuerdo, te voy a compartir la estrategia que podrás implementar rápidamente, dependerá de tu situación particular que tan rápido la lleves a cabo, pero independientemente de eso, si lo haces diferentes resultados comenzaran a aparecer.

Esta enseñanza la llamo **la ley del 33%**, nosotros como seres humanos, somos una especie la cuál es social por naturaleza, la causa principal por la que somos la especie que se colocó a la cabeza sobre las demás fue precisamente nuestra capacidad de ser sociables y organizarnos en grupos autónomos cada vez más grandes. Entonces somos seres sociales, y esta estrategia se basa precisamente en aprovechar al máximo esta facultad que todos los humanos tenemos.

La ley del 33% específicamente nos dice que **debemos aprovechar el tiempo**, muchas veces no somos muy conscientes de cómo es que el tiempo de la vida pasa tan rápido, y esto es porque se cae en un círculo vicioso, regularmente regido por lo siguiente:

- La tercera parte de nuestra vida la pasamos durmiendo.
- La otra tercera parte trabajando.
- Y la otra distribuida en todo lo demás (comer, diversión, traslado, etc).

Eso nos deja poco margen de maniobra para conseguir la calidad de vida con la que queremos vivir, salvo que, estemos conscientes de este principio y optimicemos nuestro tiempo, la pregunta sería...

¿Cómo hago eso? ¿Cómo es que puedo optimizar mi tiempo restante de la mejor manera?

Esta ley del 33% se basa precisamente en el tiempo del cuál tenemos control, más específicamente sobre el tiempo que decidimos compartir con los demás y cómo es que debemos administrarlo. Se le conoce como la ley del 33% ya que nos indica que ese tiempo que compartimos lo debemos dividir en 3 partes proporcionales y repartirlo de la siguiente manera:

- Una tercera parte del tiempo la vas a pasar con personas que estén a un nivel **más bajo que el tuyo**, no me refiero a un nivel económico, sino más bien a un nivel de estado mental en general donde tu funjas como inspiración o mentor para dichas personas, y hay una la razón muy particular para ello, ya que si lo haces tiene varias consecuencias positivas para tí entre las que destacan reforzar tu autoestima, ser reconocido como autoridad y ejercer cierta influencia en los demás.

- Otra tercera parte del tiempo la vas a pasar con tus pares, tus iguales, personas que estén a **tu mismo nivel**, ellos son tus amigos, ellos son quienes forman realmente tu pilar social, con los que compartes experiencias y tu tiempo, la razón es bastante obvia, de hecho suele ser por lo general el tiempo que más compartes con los demás, la mayoría de las personas el 100% de su tiempo libre social lo destina a este grupo, por las razones mencionadas previamente, es lógico, es tu círculo social, aquí es donde fortaleces lazos y la amistad se hace fuerte, sin embargo, si tu rutina no te gusta, si la calidad de vida que tienes no es la que deseas, si sientes que estás en un bache, es posible que estés destinando mucho mayor tiempo del que debes a este grupo y eso hace que no logres ver más opciones.

- La última tercera parte del tiempo la vas a pasar con personas que están en **un nivel superior a ti**, personas que admiras y que han logrado eso que tú quieres en cualquier aspecto de la vida que desees alcanzar, dicho de otra manera, con **mentores**, personas que ya están en el punto que tú quieres estar, personas que quizá te lleven **20 años de ventaja** y que podrán guiarte hacia dónde quieres llegar. Todas las personas de éxito que conoces, todas absolutamente, tienen o han tenido mentores. Y saben muy bien como destinar parte de su tiempo para no dejar de crecer ni relacionarse con personas de este grupo. Por si aún no tienes clara la razón de porque la tercera parte de tu tiempo la debes destinar con mentores, es simple, será este tiempo que destines en este grupo el responsable de que alcances las metas de vida que deseas.

Jim Rhon, lo dijo: "Somos el promedio de las 5 personas con las cuales más compartimos nuestro tiempo". Asegúrate que ese promedio sea el mejor posible para tus intereses.

Quiero que analices las siguientes preguntas y las respondas con sinceridad

1. ¿Cuáles son las 5 personas, sin contar tu pareja o hijos con las que compartes la mayor parte de tu tiempo?

2. ¿Qué porcentaje de tu tiempo lo compartes con personas a un nivel inferior al tuyo y como piensas nivelarlo?

3. ¿Qué porcentaje de tu tiempo lo compartes con personas a tu mismo nivel y como piensas nivelarlo?

4. ¿Qué porcentaje de tu tiempo lo compartes con mentores y como piensas nivelarlo?

Enseñanza 10. Blíndate al emprender

Hoy en día hay una palabra que se ha usado tanto que ha perdido su significado, me refiero al termino **emprendedor**. Hoy que están tan de moda los negocios desde casa, que cualquier persona que tome una oportunidad de ese tipo se hace llamar emprendedor, y como no, si las compañías que les proveen de productos o servicios a estas personas son como les gusta llamarles y lanzan publicidad del tipo, sé tu propio jefe, deja tu empleo, inicia tu propio negocio, despide a tu jefe etc. Seguramente ya sabes de que te hablo. La cuestión es que muy pocas veces se nos enseña realmente a emprender.

La escuela (o al menos hasta hace pocos años) su enfoque principal es la de preparar personas para que trabajen para otros, y no es que esto sea del todo malo ni mucho menos, en realidad es como todos debemos comenzar, si no se sabe hacer las cosas hay que aprender hacerlas y que mejor que alguien que ya sabe nos enseñe, aunque esto signifique precisamente trabajar para otros. El problema por lo general es que sólo se realiza bien una parte de la ecuación, somos buenos en la ejecución, "dime que tengo que hacer y lo haré" pero eso no te hace emprendedor.

El concepto de ser tu propio jefe, de ganar dinero mientras duermes, de ser libre, de tener una vida basada en viajes y estilo, el ganar dinero por internet de forma automatizada, el tener una empresa de millones de dólares sin ningún tipo de activo físico, claro que es tentador, y más hoy en día donde el dinero ya no es como tal el motivante principal, sino el hecho de disfrutar la vida en el aquí y en el ahora. Es por eso por lo que las compañías ya no pueden retener tan fácilmente a su personal (principalmente las generaciones más jóvenes), o al menos no, bajo el esquema del dinero, necesitan ofrecer otro tipo de incentivos, y si no lo hacen las personas tarde que temprano se irán y empezarán sus propios proyectos. Sin embargo, ¿Eso los hace emprendedores?

Hay una definición de emprendedor que alguien me dijo y no se me olvida, esta persona decía: *"un emprendedor es un empresario sin dinero"*. Lo cual me lleva a pensar que en cierto sentido es correcta la afirmación, no por otra cosa, sino por el hecho que un empresario para llamarse empresario debe tener una empresa y para hacer eso debe haber formalizado su idea de negocio adquiriendo los compromisos correspondientes y eso cuesta dinero. Mientras que un emprendedor no, el emprendedor tiene la idea y busca una manera de materializarla (si cuenta con el dinero podrá ir más rápido eso es un hecho), pero lo que lo hace emprendedor es un deseo ardiente por convertir su idea en realidad, se vuelve pionero de su oportunidad y está dispuesto abrir camino hacia los demás. Emprender no es sencillo, muchas personas se quedan en el camino y esto es por una simple razón, vas en contra de lo que el **statu quo** social acepta, te quieres salir de lo convencional, de lo "correcto", pretendes ser distinto en un medio donde predomina un estándar establecido.

Quiero ser claro en algo, desde mi punto de vista la palabra emprendedor guarda un significado particular (que quizá puedes estar de acuerdo o quizá no), es alguien que va por algo nuevo, por cambiar algo, innovar una nueva manera de hacer las cosas, mejorar el proceso, distinguirse del resto, generar un resultado con el que muchos sueñan y pocos lo logran, eso es mi visión de emprendedor, donde el capital forma parte de los pilares pero no es el único. Un emprendedor exitoso, un emprendedor que logra convertir su idea en realidad, por lo regular es quién se transforma en empresario, ya que su idea funciona, es avalada y aceptada por el statu quo social y forma parte ahora de la cadena de suministro del entorno donde se encuentre. Es un proceso, un trayecto nada sencillo que, si no tienes la formación mental, y los recursos para pagar el precio difícilmente podrás dar ese salto.

Se nos venden ideas de emprendedores que lograron el éxito de la noche a la mañana, con una idea revolucionaria de millones o billones de dólares, donde no hubo un precio que pagar. Hoy te digo que eso no existe, y si eres de los que cree que sí, te invito que analices las historias de todos los que caen en esa categoría como Bill Gates, Steve Jobs, Mark Zuckerberg, por mencionarte algunos, todos ellos han pasado por el concepto llamado la década pérdida, han acumulado miles de horas de vuelo y nada se les dio por que sí, sino que su idea se convirtió en su pasión, en su modo de vivir y dieron todo y más para que fuera una realidad.

Es por eso, por lo que el hecho de iniciar una oportunidad llámese red de mercadeo, inversión, negocio desde casa, freelance, entre otras no te hace emprendedor, al menos que, sea acompañada por las características que te mencioné previamente. Esta es la razón por la que el 80% de los emprendimientos fracasan durante los primeros 5 años, te pregunto:

¿Cuántas personas conoces actualmente que han iniciado un negocio de medio tiempo como lo que previamente te mencioné, y este negocio sea su pasión, su modo de vivir y dan todo y más por el mismo?

Por lo regular será muy poco el número de personas que caen en esta categoría, pero la buena noticia es que, si las hay, incluso tú puedes ser una de ellas, y es para estas personas que quiero compartir esta enseñanza, que te librará de verdaderos dolores de cabeza si la implementas, te lo digo por experiencia.

Después de leer, estudiar, emprender, accionar, fracasar, materializar y de tratar de estar lo más cercano de la fuente en cuanto a la información para emprender se refiere, he llegado a la conclusión (y no sólo yo sino muchos otros verdaderos maestros) que hay 4 aspectos principales, **4 áreas de conocimiento** que uno debe aprender a dominar si es que quiere obtener un buen resultado como emprendedor.

Quiero que tengas la siguiente imagen en mente, imagina que eres un malabarista y tienes 4 pelotas las cuales tienes que asegurar que no caigan al piso, es decir tienes que estar haciendo malabares con las 4 pelotas al mismo tiempo.

Esto no es algo que yo me haya sacado de la manga, sino que una y otra vez personas como Richard Branson, Charlie Munger, Bill Gates entre otros comentan, en diversas formas |, pero la base es la misma, tenemos que estar preparados en estas 4 áreas de conocimiento si es que realmente queremos estar **blindados al momento de EMPRENDER**. Recuerda son 4 pelotas que debes mantener en el aire mientras haces malabares con ellas, tu trabajo es mantenerlas arriba.

La primera pelota con la que hay que hacer malabares se llama:

• **Producto/Innovación:** Debemos de tener mentalidad innovadora al momento de desarrollar nuestro producto o servicio si es que queremos destacar sobre la competencia, es la carencia de este aspecto lo que genera que el 80% de las personas que emprenden fracasen en sus primeros 3-5 años. Y la falta de visión en este aspecto puede generar verdaderas tragedias, no es el objetivo de este libro hablar de ellas, pero si quieres saber más sobre un ejemplo real en la falencia de visión, revisa el caso del creador de la marca Victoria Secret, una pena sin duda. Pero por el otro lado, es precisamente el enfoque de innovación lo que ha generado verdaderos Emporios como es el caso de Amazon.

La segunda pelota:

• **Finanzas/Capital:** Por lo general las personas no se preocupan por este punto hasta que ya es demasiado tarde, o bien delegan todo a un contador, y eso simplemente no es válido, uno como emprendedor debes saber **manejar el dinero**, conocer el contexto de **apalancamiento financiero** y sobre todo dominar el ámbito del **levantamiento de capital**, si no es así estaremos muy limitados por lo que nuestros propios medios pueden generar y el verdadero crecimiento no viene hasta que sabemos cómo capitalizar el interés del mercado que tiene en invertir con nosotros.

La tercera pelota:

• **Promoción/Marketing:** Así como en los bienes raíces la clave se centra en la locación, en los emprendimientos si no hay marketing y publicidad no hay nada verdaderamente, en este punto, es lo que nos dará la facultad de crear nuestra propia marca como tal, poder distinguirnos realmente de nuestra competencia y sobre todo diseminar nuestro mensaje a todo el mercado, aquí radica la importancia de conocer precisamente nuestro mercado y apalancarnos de plataformas, herramientas y estrategias de inteligencia para ser atractivos y hacer que el mercado se interese en lo que tenemos que ofrecer.

La cuarta pelota:
*   **Ubicación/Distribución:** Si estuviéramos hablando del Modelo de Negocio Canvas, esta parte se refiere a los canales de distribución, para esta área se debe ser capaz de contestar claramente 2 preguntas:

1.   ¿Dónde nos puede encontrar nuestro prospecto o cliente?
2.   ¿Cuál será el medio (o medios) y la forma en la que el valor de nuestro producto o servicio llegará al cliente o prospecto?

Nuevamente hay 4 áreas de conocimiento (o 4 pelotas) que debemos entender y saber manejar:

*   Producto/Innovación
*   Finanzas/Capital
*   Promoción/Marketing
*   Ubicación/Distribución

Si tomarás mi ejemplo literal de hacer malabares te darías cuenta de que hacerlo con una sola pelota resulta sencillo, pero para hacerlo con las 4, realmente se necesita de un verdadero conocimiento y mucha práctica.

Al emprender es igual ya que el truco radica en lo siguiente:

*   Por lo general una persona suele ser muy buena en manejar una de estas 4 áreas de conocimiento.
*   Un segundo aspecto se le puede dar de manera natural.

- Un tercer aspecto le puede resultar complejo y entender apenas lo básico.
- Y en un cuarto aspecto puede ser fatal.

Regularmente lo que sucede con esta situación es escuchar "emprendedores" que dicen:

"Como yo no soy bueno en este aspecto, mejor ni me meto y dejo que alguien más se haga cargo".

La verdad es que si no queremos que nos vean la cara debemos conocer al menos en términos generales cada uno de estos 4 aspectos y dominar en buena escala 2 de ellos...por lo menos.

Te lo pondré en perspectiva para veas la importancia de esto. ¿Has escuchado hablar de **la ley de Murphy**?

Bien la ley de Murphy dice que, si algo puede salir mal, va a salir mal. Por si no fuera de por si suficientemente caótica esta ley, hay una variante de esta todavía más trágica que dice:
Si algo puede salir mal, saldrá mal, en el peor momento posible en el que esto puede ocurrir.

Y esto es algo que quizá no nos gusta pensar, ya que se dice que atraes lo que piensas tal como menciona la ley de la atracción y otras leyes similares, sin embargo, es algo que no se puede dejar de lado y lo que debemos hacer es pensar que puede suceder, prepararse de que hacer en caso de que ocurra y olvidarse del asunto.

¿A qué voy con esto...?

Quiero que imagines un arquero que está apuntándote con una flecha (si otra vez quiero que uses tu imaginación y visualices esto):

Tú, representas el negocio o emprendimiento, y la flecha es todo lo malo que te puede ocurrir, los 4 aspectos que te mencione previamente funcionan como si se tratara de una armadura que en su conjunto te van a proteger de la flecha, pero... ¿Adivina qué?

La flecha se va a comportar tal como dice la **ley de Morphy** y se va a dirigir al punto más vulnerable posible que tengas en tu armadura, entonces si **no implementas** estos 4 aspectos, estas 4 áreas de conocimiento, es como si tuvieras huecos o espacios libres en tu armadura y justo ahí impactará la flecha. Similar a la historia de Aquiles con relación a su talón. No dejes que eso te ocurra a ti, muchos grandes proyectos no pasaron de esa categoría (proyectos) simplemente porque no se protegieron en alguno de estos 4 aspectos, y tal como te comenté, la flecha impactará en el lugar más vulnerable que encuentre.

La buena noticia es que si te enfocas en dominar 2 de estos aspectos y en conocer más a detalle aquellos en los que eres débil y tomas las acciones al respecto, estarás blindado de la flecha, y podrás seguir avanzando, y eso es lo que importa al final, **el emprender no es una carrera de velocidad sino de resistencia.**

Quiero que analices las siguientes preguntas y las respondas con sinceridad

De las 4 áreas de conocimiento:

1. ¿Cuál es el aspecto que más fácil se te hace implementar?

2. ¿Cuál es por mucho el peor y por qué?

3. ¿Qué consejo de negocio has recibido que te ha ayudado a mitigar la curva de aprendizaje?

4. ¿Cuál puede ser un ejemplo de algo que no sabías y dejaste de implementar que te hizo perder un año de resultados en tu negocio?

Enseñanza 11. Las 3 variables

Hay una frase que me gusta usar cuándo el tema a tratar es la productividad, la frase es la siguiente:

"Las personas por lo general no perciben la cantidad de recursos que pierden por el hecho de querer ahorrarse tiempo"

Esto se debe a un problema principal, la ausencia de una visión a largo plazo, ya he hablado previamente de esta falencia, pero ahora vamos a situarnos en un contexto más científico sobre este asunto.

Siendo concreto te diré que hay **3 variables** sobre las cuales deberíamos medir el valor de las cosas, sin embargo, por lo general, sólo usamos una de estas variables, es algo común en nuestro tiempo donde la ley del mínimo esfuerzo predomina, pero entendiendo lo que estoy por mostrarte es muy probable que cambie tu percepción sobre aquello en lo que enfocas tu atención.

Estas variables están presentes y son los recursos más abundantes que disponemos, curiosamente también, los recursos más raros que debes dominar. Digo que son los más raros ya que por el mismo sistema que nos envuelve (entorno, sociedad, *matrix*, ilusión, realidad, como quieras llamarlo) hace que no estemos conscientes de la relevancia de estos, como diría Stephen Covey en su libro los 7 hábitos de las personas altamente efectivas:

"Hay un enfoque excesivo en lo urgente más no en lo importante"

Reitero como dije antes **el valor que le asignes a las cosas**, en otras palabras, lo que determina que tan valioso sea algo debe ir determinado por estas 3 variables:

1.   **Tiempo:** El valor de algo debe ir determinado por el tiempo que te hace "salvar". Dicho de otra forma, **entre más tiempo libre me genere "esa cosa" más valioso se vuelve.** Sólo no hay que caer en la trampa, pienso y creo firmemente que la automatización y sistematización es algo que debemos incorporar a nuestra vida, ese es el principio fundamental que manifiesta Tim Ferris en su libro la Jornada Laboral de 4 Horas. Es lo que nos libera de las tareas rutinarias y nos da mayor libertad en todos los ámbitos. Pero también es verdad que este mismo principio es que ha originado el concepto del botón mágico para ahorrarse el proceso, insisto el proceso no te lo puedes saltar, tiene que hacerse, si no lo haces tú alguien más lo debe hacer por ti, y si entiendes este principio te va a proteger de caer en engaños. Ahora, ¿Por qué esto es importante?, Antes déjame decirte que hay 3 tipos de tiempo:

- **Cosmológico:** Este es el tiempo que normalmente conocemos y por el que estamos más familiarizados, es decir el que usamos como patrón de medición: 1 segundo, 1 minuto, 1 hora, 1 día, etc. Siempre se mide de la misma manera. 1 segundo es un segundo aquí y en cualquier otra parte del mundo.

- **Psicológico:** Este es el tiempo como lo percibimos dado un criterio personal, en base a la situación que estemos viviendo, quizá en momentos de angustia una hora pueda ser una eternidad, y en momento de placer no sea nada, se refiere a nuestra forma de percibir el tiempo en base al estado en el que nos encontramos.

- **Termodinámico:** Este se refiere al tiempo en términos de la energía que destinamos a realizar cierta actividad, dicho de otra manera, al desgaste que nos produce hacer algo o cierta cosa, por ejemplo, un atleta de alto rendimiento al momento de entrenar su consumo de energía será mucho mayor que alguien en estado pasivo, a pesar del que el tiempo cosmológico y psicológico sea el mismo.

Si algo nos va a ahorrar tiempo, es decir si vamos a adquirir un recurso independientemente del tipo que sea con la justificación que nos va a hacer salvar tiempo, debemos saber claramente que tipo de tiempo nos estamos refiriendo, para esto déjame darte unos ejemplos para ser más claro:

En la era agrícola no había máquinas que hicieran el trabajo, a partir de la era industrial estás máquinas aparecieron e hicieron el trabajo físico de varios hombres a una fracción del costo, aquí hablamos principalmente de un ahorro en tiempo termodinámico.   Un software de gestión de tareas puede ahorrarte mucho tiempo cosmológico, por ejemplo. Creo que ya me entendiste la idea, la clave es comprender que tan valioso es eso con relación al tiempo que me ahorra en sus 3 diferentes tipos, te darás cuenta que la mayoría de las cosas que incorporamos a nuestra vida tiene una relación que impacta de manera arbitraria los 3 tipos de tiempo.

2.   **Energía:** Este concepto va muy relacionado al punto mostrado previamente, el valor que le demos a "algo" debe ir ligado a la energía que nos hace "ahorrar" y/o "generar", es decir si "algo" hace que salvemos u obtengamos energía, entonces ese "algo" será de mayor valor para nosotros. Por ejemplo, el hecho de tener un asistente personal que gestione tus diversos compromisos de tal manera que no centres tu atención en eso, hará que tú energía no se desgaste en esos temas y podrás destinarla para puntos que tengan mayor impacto en tu vida.

3.   **Dinero:** Se podría decir que esta variable es una consecuencia de realizar eficientemente las 2 mostradas previamente, aquí el valor de algo está ligado a la cantidad de dinero que este "algo" me genera. Esta variable regularmente es la que más familiar nos puede resultar, sin embargo, hay un detalle, si no contemplamos las otras 2 variables antes que esta, se podría provocar un desencanto y frustración total, por ejemplo, el caso de un empleo con mayor salario, si sólo nos vamos por el dinero, podría suceder que la cantidad de tiempo y energía se vean considerablemente afectados y entonces el costo

sería mucho más alto. ¿Me captas por qué comprender esto es importante?

La fórmula para entender lo que te acabo de mencionar es la siguiente:
Tiempo -> Energía -> Dinero

En palabras textuales esto se interpreta de la siguiente manera:
Entre más tiempo podamos ahorrar en cualquier actividad, más energía vamos a tener y esto como consecuencia más dinero nos podrá generar.

La clave radica en saber cómo destinar los recursos, ya que el problema con el entorno actual es que estamos tan llenos de estímulos y de un exceso de información que hace fácil el hecho de perder el enfoque constantemente, lo que conlleva a no canalizar los recursos de forma apropiada. Por lo regular hay demasiadas voces en nuestra cabeza todo el tiempo, donde no sabemos a cuál hacerle caso. Ya que queremos conseguirlo todo, y en nuestro afán por conseguirlo terminamos por conseguir nada. Es como la historia antigua del hombre que está persiguiendo a 2 conejos al mismo tiempo...donde al final termina por atrapar a ninguno.

El mejor consejo que te podría dar y sé que te va a funcionar es el siguiente:

"Usa el dinero para reducir la curva de aprendizaje"

Recuerda, la cuestión consiste en generar la mayor cantidad de tiempo para disponer de la máxima energía para ser lo más productivo posible. Hay demasiadas cosas allá afuera que resulta sumamente sencillo perderse en el intento. La forma más rápida de reducir la curva de aprendizaje es aprender directamente de aquellas personas que ya tienen el resultado que tú quieres, pero de una forma real, **aprende directamente de ellos y de sus errores**, se dice que tienes que aprender de los errores, pero no todos tienen que ser tus errores, eso sería sumamente caótico.

Lo que quiero que tengas claro es que debes hacerte de **mentores REALES**, con los que puedas interactuar, usa el dinero en eso, en acceder a ellos y seas más eficaz tu proceso de aprendizaje. No quiero que confundas esto con el hecho de estar en eventos masivos o conferencias genéricas, eso sirve para entender, pero no estás reduciendo la curva. El problema con la mayoría de las personas es que no quieren molestarse, buscan la opción más barata posible o gratis según sea el caso, y siempre enfocado en el dinero, es por esta razón que las cosas NO FUNCIONAN, recuerda:

"Todo mundo quiere la buena vida, pero no todos la tienen"

Esto se da por no entender el principio de las 3 variables:

Entre más tiempo podamos ahorrar en cualquier actividad, más energía vamos a tener y esto como consecuencia más dinero nos podrá generar.

Ahora ya sabes cómo funciona la fórmula y dependerá de ti si la sigues o no.

Quiero que analices la siguiente pregunta y la respondas con sinceridad

1. ¿Cuál será el primer paso que darás para implementar la fórmula a tu vida?

Enseñanza 12. La facultad de adaptarte al cambio

No se puede negar la verdad que esconde la máxima de Charles Darwin **"No es la especie más fuerte o la más inteligente la que sobrevive, sino que es aquella la que mejor se adapta al cambio".** Sin embargo, esta máxima, parece no quedar clara aún en nuestros días. Por lo general las personas siguen repitiendo los mismos patrones una y otra vez, esperando tener resultados diferentes, algo que Albert Einstein definió con el significado de locura. Pero hay algo curioso, las personas no aceptan este principio, incluso se molestan, y hacen hincapié en que sí hacen cosas diferentes, pero sabes, hacen cosas diferentes desde su misma zona de confort, es decir hacen cosas diferentes bajo el mismo estado mental, bajo los mismos patrones de pensamiento, y es por eso por lo que el resultado no cambia, en otras palabras, realmente no se adaptan por lo que obtienen más de lo mismo.

Algo importante, por increíble que parezca, es que actualmente el mundo sigue preservando de forma arraigada esa mentalidad de hace más de 500 años, donde las cosas sólo podían tener 2 colores, o es blanco o es negro. Más propiamente a esta etapa se le conoció en la historia como el oscurantismo, poco se difunde de lo acontecido desde la caída del imperio romano hasta que comienza la revolución científica. Fue precisamente en el oscurantismo donde las cosas se daban por designio divino y no se cuestionaban, o era blanco o era negro, y pobre del que se negara a este principio ya que había métodos inhumanos para evitar este tipo razonamiento. La sociedad estaba bien controlada por el miedo y con la promesa de si obedecían y acataban cada una de las normas, habría una recompensa después de la vida. Esa forma de pensar fue lo que llevo a la humanidad a una época oscura según los historiadores.

Lo curioso es que en esta época aún persiste este pensamiento extremista, lo que limita la forma de ver las cosas, ya que restringe nuestra capacidad de entendimiento y nuestra curiosidad. Una vez más traigo alusión a Albert Einstein, él dijo *"la imaginación es más importante que el conocimiento"*, y ratificó que si basamos nuestro entendimiento en base a lo que percibimos por medio de nuestros sentidos (que es como gran parte de la sociedad funciona) estamos dejando fuera la posibilidad de crear nuevas realidades. Por ejemplo, si la humanidad se hubiese basado sólo por lo que sus sentidos perciben, seguiríamos creyendo que la tierra es plana, y que esta no se mueve alrededor del sol, si no me crees revisa la historia de Galileo Galilei o la historia de Copérnico, donde la mentalidad de blanco y negro arraigada de la sociedad y el entorno los obligo a retractarse sobre sus descubrimientos tanto que la tierra no era el centro del universo o cosas como que la tierra no era redonda. Hoy en día eso nos parece cómico, como alguien no podía ver lo que hoy en día es una realidad comprobable. Simple, porque la sociedad basaba sus decisiones en lo que sus sentidos e ideologías extremistas aprobaban, y esa historia se repite una y otra vez incluso en nuestros días.

No esperes que el entorno acoja tus ideas como propias sólo porque tú crees en ellas, no esperes la aprobación de la sociedad en base a lo que estés desarrollando, si eso que haces, piensas o afirmas, reta el statu quo social, prepárate entonces para una resistencia que, si no tienes la fortaleza suficiente, podrá hacerte claudicar, a pesar de tener las pruebas en la mano. Recuerda la frase:

"Los grandes espíritus siempre han encontrado violenta oposición de parte de los mediocres. Estos últimos no pueden entender cuando un hombre no sucumbe impensadamente a prejuicios hereditarios, sino que, honestamente y con coraje, usa su inteligencia".

Ahora, insisto, el nombre del juego radica en ser ecléctico, pensamientos extremistas sin importar el sentido de estos son igual de dañinos, como te mencioné antes, la vida es un cúmulo sin fin de matices grises y depende de nosotros adaptarnos al matiz que nos provea de la mayor ventaja competitiva, si es que, es nuestra intención, sobrevivir al entorno.

Ahora para reforzar más este principio quiero mostrarte un concepto que fue reforzado por el Dr. Richard Dawkins, este concepto se le conoce como **ESS** por sus siglas en inglés (Evolutionary, Stable, Strategy) que en español sería la **Estrategia de la Evolución Estable**, y lo que nos dice este principio es que si quieres que algo perdure no puede tratarse de cambios abruptos, sino que es un proceso gradual evolutivo, por ejemplo no creas que la civilización humana sólo un día apareció de pronto y es como la conocemos hoy, de hecho si me permites explicarte un poco más, se tiene registro que el ser humano como tal apareció hace 2.5 millones de años y que surge en el este de África, nadie puede negar que ha sido un viaje largo para llegar a la civilización que disfrutamos actualmente en nuestros días, incluso profundizando más en el tema he de decirte que hubo varios tipos de humanos en su momento (no creas que éramos los únicos, ni tampoco éramos los más fuertes), y al final sobrevivió la especie a la que pertenecemos, el homo sapiens, el cual se tiene registro del mismo desde hace aproximadamente 300,000 años y no fue hasta hace 70,000 que gracias a la revolución cognitiva comenzó a expandirse y dominar sobre el resto de las especies. No es mi intención darte una clase de historia, sino hacerte ver que quién mejor se adapta es quién sobrevive, ¿Qué fue lo que pasó con los otros humanos que cohabitaban con el homo sapiens hace 300,000 años? Sólo el homo sapiens de entonces lo sabe, lo que es un hecho es que ya no están más con nosotros.

Ahora de forma práctica podemos hablar más sobre esta estrategia de la evolución estable, emprendedores que cambiaron el mundo lo hicieron aplicando esta estrategia, donde de forma gradual y paulatina fueron mejorando sus procesos, adaptándose mejor a los entornos y obtuvieron la supremacía del mercado, te puedo mencionar algunos ejemplos como:

• **Sam Walton:** Fundador de grupo Walmart, el incorporo este principio al analizar de forma ferviente a su competencia, viajaba a cualquier rincón del mundo donde alguien innovara o tuviera algo interesante, él tomaba esa idea y la adaptaba a su propio negocio, antes por ejemplo no existían las tiendas de autoconsumo, tal como las conocemos ahora, más bien hace varias décadas atrás había muchas tiendas especializadas en pocos tipos de productos, lo que hizo preguntarse a Sam Walton ¿No sería bueno, tener todos los productos que necesitas en un solo lugar? y el resto es historia.

• **Jeff Bezos:** Fundador de Amazon, muchas cosas se pueden contar de este emprendedor, pero hay una anécdota muy relacionada a este tema de la evolución estable, como dato el no empezó Amazon de la noche a la mañana, no llegó un día y dijo: "Si, porque no crear una tienda en línea que venda todo". O al menos no fue en sus inicios. Te explico, el comenzó vendiendo libros físicos, su idea de negocio era simple, ¿Qué consumible podemos comercializar por internet?, de ahí surge la idea, llegó un momento que Amazon fue creciendo y empezó a incluir más productos a su catálogo, pero los libros físicos seguían siendo su negocio más rentable, llego un punto donde internet formaba parte de la vida de las personas y observó que los contenidos en formato electrónico cada vez se consumían más. Lo que hizo que innovara en su famoso dispositivo Kindle e incorporara los libros electrónicos, conocidos hoy como e-books. Él sabía que esa decisión daría una estocada muy peligrosa a su negocio de libros físicos, pero supo hacer caso a la tendencia y no fue errado en ella, es decir se adaptó mejor que su competencia, y ahora Amazon, es la tienda de comercio electrónico más grande del planeta.

Y la lista puede seguir como el caso del coronel Sanders, (fundador de KFC), Ray Kroc (Fundador de McDonald's), Henry Ford (Fundador de Ford Motor Company), Marc Zuckerberg (Fundador de Facebook), Amancio Ortega (Fundador de Zara y del concepto Moda Rápida), Bill Gates (Fundador de Microsoft), Larry Page y Sergey Brin (Fundadores de Google), Michael Dell (Fundador de Dell Computers) entre otros. Todos ellos con la misma característica, se adaptaron mejor que su competencia y dominaron el mercado.

Bien, ¿Cuál es la intención de hacerte saber todo esto? Lo primero que quiero que tengas en mente es que debes dejar de pensar (en caso que aplique para ti) en términos de blanco o negro como hace más de 500 años y empieza a concebir la idea de que realmente no hay verdades 100% absolutas, es decir podríamos entrar en un diálogo profundo sobre este tema, pero analiza esto, la gran mayoría de los problemas del mundo vienen precisamente por esta **falta de adaptación** donde se trata de forzar las cosas para que una postura predomine, este acto es el culpable de las guerras, de la mayoría de las injusticias, del rompimiento de relaciones, e incluso de las revoluciones (siendo imparciales) porque no decirlo. La realidad es que este proceso se ha repetido a lo largo de la historia una y otra vez y la razón por la que esto sucede es porque no tenemos presente otra de las máximas de la historia y me refiero a **la tercera ley de Newton**, que dice:

"A toda acción corresponde una reacción en la misma intensidad y en sentido opuesto".

Si te das cuenta la solución es clara, pero el hecho de pensar con la mentalidad de hace más de 500 años dominada por el **EGO**, hace mucho más lento el proceso de adaptabilidad.

Quiero finalizar con una frase más:

"Para conseguir la estabilidad debes pasar por la inestabilidad"

Está frase me gusta ya que resume todo lo analizado en esta enseñanza, acostúmbrate a enfrentar la resistencia del pensamiento de las masas cuándo quieras destacar sobre ellas, entre mayor sea eso que desees más resistencia habrá.

No olvides **"Los grandes espíritus siempre han encontrado violenta oposición de parte de los mediocres"**. No pienses como las masas y adapta tu propia visión del mundo.

Quiero que analices lo siguiente respondas con sinceridad

1. Menciona un caso en el que hayas dejado de lado tu propia visión para ceder al pensamiento de las masas de tu entorno

2. Sabiendo lo que ahora ya sabes, ¿Que harás diferente?

Bono Extra. El ajuste del 5%

Quiero que tengas en mente que por lo regular existen 2 tipos de personas, por un lado hay personas que suelen ser muy **desordenadas** en su vida aunque hay que rescatar que a pesar de su desorden **consiguen** cosas, en otras palabras, es su forma de operar, caen en la categoría de personas de acción y tienen la característica de estar siempre en movimiento, a veces es complicado entenderlas, ya que no terminan de hacer algo, cuando inician con otra cosa, y luego otra y otra y así sucesivamente, sin embargo, a pesar de su aparente desorden son personas que logran concretar en mayor o menor medida cosas.

Por otro lado, hay personas con la mentalidad de ser **perfeccionista**, son más del tipo ingeniero, donde les gusta tener todo controlado, premeditado y preciso, el problema con este tipo de personas es que muchas veces **no inician ni concretan cosas**, precisamente por su enfoque a la perfección. Son personas muy ordenadas, que necesitan tener el control de las cosas y cuestionan demasiado aquello que no logran entender en su plenitud, podríamos decir que estas personas buscan la seguridad sobre cualquier otro aspecto.

Al primer tipo de personas las podemos llamar **constructores de momentum** (movimiento, flujo) ya que siempre están iniciando cosas, mientras que al segundo tipo a los que podemos llamar perfeccionistas por lo regular caen en la categoría de **procrastinadores**, ya que si la situación, no se ajusta a su idea de control y seguridad simplemente no la llevan a cabo...

¿Por qué te digo todo esto?

Bien, quiero que tengas claro este principio del **ajuste del 5%**, por lo que quiero que consideres lo siguiente:

Un león que tiene un lugar en su hábitat es perfecto. Es un depredador natural y no por nada lo llaman el rey de la selva, ese es su hábitat, la selva. Si colocas a este mismo león fuera de su hábitat, digamos en el océano, puedes tener la seguridad que perecerá rápidamente.

Sin importar si caes en la categoría de perfeccionista o desordenado la realidad es que no debes sentirte mal, recuerda no hay blancos o negros. Lo importante es que tienes que estar en tu hábitat, **si estas fuera de tu lugar natural es cuando puede manifestarse la debilidad**. Albert Einstein lo dijo mejor:

"Todos somos genios, pero si juzgas a un pez por su habilidad por trepar árboles, vivirá toda su vida pensando que es un inútil"

La situación es que el mundo muchas veces nos coloca en posiciones distintas al lugar donde deberíamos corresponder, ya sea por el entorno o por nuestras propias decisiones. Lamentablemente es algo que se presenta desde edades muy tempranas, iniciando por el núcleo familiar, seguido por las escuelas y diversas otras instituciones que nos hacen creer la realidad que ellos piensan para nosotros.

Una vez que te das cuenta de esto no basta con decidirlo para salir de ahí, sino que hay que trabajar en el proceso que nos coloque en el lugar correcto. El error que mucha gente comete es que quiere hacer **cambios masivos** rápidamente para cambiar de hábitat y por lo general eso termina siendo contraproducente.

Si sientes que esta es tu situación (es decir te sientes fuera de tu hábitat) te sugiero que consideres estos 3 factores:

1.   **El ajuste del 5%:** sólo haz un ajuste del 5% de la situación en cuestión. Si te enfocas en la imagen completa podrás paralizarte, en lugar de eso sólo enfócate en la acción inmediata, en aquello que tienes control, concéntrate en el mundo que tienes sólo a 90 cm alrededor de ti.

Cuando vas a enfrentar cambios masivos conviene mucho más **concentrarte sólo en este pequeño ajuste del que tienes control**, ten un enfoque corto y preciso, algo que esté a solo 90 cm de distancia de ti.

Por ejemplo si debes perder 50 kilos, enfócate en sólo perder los primeros 2.5 kilos, si lo haces entonces podrás perder los siguientes 2.5. O bien, si eres un emprendedor y quieres tener un negocio que funcione basta que te centres en la enseñanza de Peter Drucker, donde el objetivo de un negocio es conseguir clientes, por ende empieza por el primero. ¿Cuántas veces las personas se abruman por la cantidad de cosas que deben hacer y terminan por hacer nada?

Esto aplica a todo aspecto de la vida:

• Quieres escribir un libro, empieza por escribir sólo una página por día.

• Quieres ganar un millón de dólares, empieza por ganar tus primeros 100 dólares.

• Quieres correr un maratón, empieza por correr un km por día.

• Quieres viajar por el mundo, empieza por hacer pequeñas salidas fuera de tu ciudad.

• Quieres ser un "influencer" en internet, empieza por conseguir tus primeros 10 seguidores.

El ajuste del 5% radica en concretar micro objetivos, y una vez que lo consigas, entonces avanzas con el siguiente, cada vez te será más sencillo lograr más y por ende estos micro objetivos serán de mayor alcance.

2. **Debes evitar caer en el otro extremo**, recuerda hay que ser ecléctico en la vida, y esto implica que debes considerar los hechos y las opiniones, aunque difieran de tu forma de pensar. Si eres una perfeccionista no se

trata que ahora te vuelvas un generador de momentum, dando ese giro abrupto, si bien buscar la perfección puede paralizar, por eso la importancia del ajuste del 5%, la realidad es que también el no considerar los hechos seriamente, tomar las cosas a la ligera, sin saber a lo que te vas a enfrentar, es una de las principales causas de fracaso, en otras palabras **no te vayas al extremo de ser demasiado desorganizado.**

El mundo está lleno de historias de negocios que tenían gran potencial y que pudieron haber sido brillantes sin embargo desde sus inicios estos negocios estaban conformados por personas desorganizadas que no estudiaron a su competencia, ni se informaron un poco sobre lo que tenían que hacer, es decir hicieron las cosas por puro ímpetu, pero sin preparación y esta fue la causa de su fracaso rotundo.

Recuerda una vez más, se ecléctico y genera el balance entre estos tipos de personas, ya que ambos son necesarios.

3. **Debes conocerte a ti mismo**, si eres perfeccionista debes aprender algo de los creadores de momentum y viceversa. La buena noticia es que si te desempeñas bien en tu hábitat será suficiente para conseguir un resultado positivo.

Quiero que analices lo siguiente y respondas con sinceridad

1. Menciona un ejemplo donde te hayas paralizado por el exceso de análisis ante una situación.

2. Menciona un ejemplo donde hayas actuado a la ligera en una situación compleja.

3. Menciona un ejemplo donde hayas sido el león en tu hábitat.

Pensamientos Finales

Este libro se enfoca precisamente en los 12 principios que me han ayudado ajustar mi estado mental hacia la buena vida, principios que he ido desarrollando y asimilando a lo largo de los años de los más grandes maestros de los que he tenido la fortuna de aprender, y no me refiero sólo a personas sino también a experiencias y a la vida misma la cuál es la fuente de aprendizaje más grande si estamos dispuestos a vivir con humildad.

Quiero que estos principios los tengas cerca de ti, y tomes este libro cada vez que no tengas claridad sobre cual decisión tomar, o bien cuando te encuentres en momentos de confusión o desánimo, créeme he estado ahí y sé cómo una frase puede cambiarlo todo. Haz de este libro un manual de referencia que te sirva de apoyo para encontrar respuestas y sobre todo te dé dirección sobre la situación que debes resolver o el resultado que deseas alcanzar.

Te compartí el conocimiento, ahora depende de ti implementarlo. Recuerda es tu responsabilidad desarrollar tu máximo potencial, de aprender de cada momento (sea este bueno o malo), de asegurarte que cada cosa que hagas tenga sentido, de construir tu legado, de descubrir y vivir acorde a tu propósito y de hacer que el entorno donde te encuentras sea un mejor lugar simplemente porque tú estás ahí.

Te dejo esta enseñanza de Jim Rohn de su libro las estaciones de la vida:

"El acto de plantar sobre las cálidas brisas de la primavera, requiere que ejerzamos esta dolorosa disciplina, porque si no lo haces estaremos asegurando, que en el próximo otoño experimentaremos el mayor dolor del arrepentimiento. La

diferencia es que el valor de la disciplina pesa gramos, y el del arrepentimiento toneladas"

Por Una Vida Con Propósito

Salvador Mingo

Acerca del autor

Salvador Mingo es un apasionado emprendedor de los negocios por Internet. Es empresario, inversor, autor, podcaster, vlogger, mentor y coach especializado en ayudar tanto a personas como empresas a desarrollar su modelo de negocio exitoso en Internet.

Salvador Mingo es bien conocido por su Programa de Posicionamiento de Expertos en Internet así como por su pasión por la lectura y el desarrollo personal lo que lo llevo a crear su Podcast Conocimiento Experto con cerca de un Millón de descargas.

Para acceder a más contenidos del Programa Conocimiento Experto visita el sitio oficial en:

https://www.conocimientoexperto.org

SEGUNDA Y ÚLTIMA PARTE

Las 10 Máximas Enseñanzas del Programa Conocimiento Experto

No podría terminar este libro sin rendir honor aquellos que con su conocimiento han cambiado el estatus quo y me han ayudado tanto a mí, así como a miles de personas a ser una mejor versión de sí mismas.

Lo que estoy por mostrarte a continuación son los 10 análisis mejor posicionados de mi programa, por cuestiones de espacio (y lógica) no puedo incluirlos a todos, pero sé que estos 10 maestros reforzarán aún más tu estado mental hacia la buena vida.

Toma esto como un regalo especial de mi parte, como agradecimiento por haber adquirido este libro y ser partícipe de tu confianza. Ahora prepárate y disfruta de los siguientes aprendizajes para triunfar en la vida y en los negocios de los gigantes que han cambiado al mundo.

Libro: Meditaciones

Mentor: Marco Aurelio

Que Aprenderás: Entender la filosofía de vida del emperador que condujo a la cúspide al más grande imperio que ha existido en el planeta.

Máxima 1: LOGOS.

1. Logos es un concepto que engloba y ordena el universo entero.

Había varias escuelas filosóficas en la antigüedad, cubriendo una amplia variedad de distintas materias, desde la naturaleza hasta la acción humana. Sin embargo, un aspecto central de estas enseñanzas filosóficas ancestrales que se mostraban a través de varios de estos temas era el concepto de logos.

Esta palabra, la cual se puede traducir crudamente como "razón", fue aplicada por varios famosos filósofos como Heráclito y Aristóteles, y fue también de central importancia para este autor, Marco Aurelio.

Su punto de vista era que logos podía ser visto en todos lados; es de lo que está hecha la tierra, los arboles e incluso los seres humanos. Sin embargo, logos no sólo les da forma a las cosas; sino que también le da orden.

Para lo humanos, esto significa que logos determina a quién coloca y donde lo coloca dentro de la sociedad, y como esa persona debería ser respetada. Entonces, es logos el cuál decreta que los esclavos deberían ser tratados como tal y que los emperadores deberían ser tratados mucho mejor.

Pero ¿Por qué deberíamos estar de acuerdo con esa desigualdad de lugares?

Debido a que logos, la esencia inmutable de la vida y del que da forma al plan maestro de todos los eventos, engloba todo el mundo y, por consiguiente, constituye la forma ideal de ordenarlo. De hecho, logos está trabajando de forma perpetua en mover al universo en la mejor manera posible.

Entonces, incluso cuando el autor atravesó por períodos difíciles en su vida, el mantuvo la fe en que estos períodos se ajustaban dentro del gran plan de logos, desde que todo lo que pasa es exactamente correcto y nadie debería desear cambiarlo. Incluso cuándo la mayoría de su familia había muerto y mayores retos y problemas aparecían en su imperio, Marco Aurelio se mantuvo firme en su creencia que todo debía suceder por una razón.

2. La muerte es inevitable y no debería ser temida.

En los tiempos antiguos, la muerte era algo que estaba presente en la vida como tal, la muerte de los infantes era extraordinariamente alta y el promedio de expectativa de vida era muy bajo. Como resultado, una de las preocupaciones más comunes que anunciaba el autor era el miedo a la muerte.

Pero el autor tenía una perspectiva diferente: él no creía que las personas deberían temer a la muerte, debido a que todos los seres, vivos o muertos, siguen siendo parte del logos. De tal forma, que morir es simplemente logos dejando un cuerpo que comenzó a morir al instante en que nació, cuándo una persona muere, esta, una vez más, se vuelve parte de un logos más grande. De ahí, su esencia es reusada para formar nuevos seres vivos los cuales continúan este ciclo sin fin.

Todavía más allá, la muerte sólo llega exactamente cuándo logos necesita que así sea. Después de todo, desde que logos tiene un plan maestro, no es de utilidad temer a alguna de los millones de cosas que pudieran matarte.

Entonces, si el autor estaba destinado a morir de cáncer en una edad mayor, o en el campo de batalla en un instante, no había nada que el pudiera hacer acerca de su destino. Sería inútil temer algo que es inevitable.

Y más allá de eso, él sabía que incluso las mejores personas morían. Entonces, en los tiempos que el autor se sentía abrumado por la muerte, por ejemplo, cuando perdió a su esposa, él se recordaba a si mismo que todos mueren eventualmente. Sin importar si eres un emperador, un filósofo como Platón o un valiente gladiador, debes abrazar la mortalidad, no vivir temiéndole.

3. La vida es muy corta para desperdiciarla quejándose.

Entonces, cualquier persona puede morir en cualquier momento, ya sea de un ataque cardíaco, un accidente aparatoso o simplemente por vejez. Y como no sabes cuándo la muerte llegará, es importante siempre ser lo mejor que puedes ser.

Dejarte afectar por las cosas que tienes que hacer sólo te quita tiempo el cual podría ser invertido en vivir. Nadie debería desperdiciar su vida quejándose sobre lo difícil que es vivir.

Por ejemplo, a pesar de que al autor no le gustaba tener que dirigir la corte, él siempre lo hizo de una forma muy feliz debido a que era su creencia que él no debería gastar un sólo momento de su corta vida quejándose de sus responsabilidades. Después de todo, si logos necesitaba que él pasará un día en la corte, él debería hacerlo y no permitir que otros sufrieran por sus quejas o mala actitud en la corte.

Pero más allá de eso, debido a que el tiempo en la tierra es limitado, es esencial completar tanto como sea posible. Por ejemplo, en lugar de quedarse en la cama hasta el mediodía, el autor siempre trataba de ser más productivo.

Sin embargo, a pesar de que el odiaba la situación en la que tenía que lidiar con personas que desperdiciaban su tiempo con chismes y argumentos superficiales en la corte, él la reconocía como su obligación para servir al gran plan que logos había destinado para él. incluso si eso significaba dejar que las personas desperdiciaran su tiempo ocasionalmente. Y en las ocasiones en las que él se sentía que iba a renunciar, él sólo necesitaba recordar su rol como un emperador y como un participante del logos para volver a plantar sus pies en la tierra.

4. **La lógica es esencial - las emociones pueden matar nuestro razonamiento y causarnos un daño innecesario -.**

El autor y la escuela de la filosofía Estoica, de la cual él era un seguidor devoto, le daban el valor a la razón y a la lógica, más que a cualquier otra cosa. Por consiguiente, ellos consideraban a una mente serena y analítica mejor que una gobernada por deseos y sentimientos.

Esta forma de ver las cosas hace sentido debido a que logos trata principalmente sobre gobernar por medio de la razón y el orden. Es un sistema en el cual todo lo que sucede es porque se supone que así debe ser y es por un bien.

Por ejemplo, si tu casa se quema, tú podrías verlo como un desastre, debido a que todas tus pertenencias se perderían en dicho incendio - o según sea el caso - podría ser benéfico debido a que puedes cobrar el seguro de tu casa. Básicamente, la esencia de cualquier evento depende como lo percibes.

Entonces, si tú aceptas la premisa que logos tiene buenas razones para todo lo que ocurra, tú deberías ver cualquier evento claramente y tomarlo por lo que es: algo necesario para un bien mayor. Quizá tu casa que se quemó te hará moverte a un nuevo vecindario donde encontrarás a la persona de la que eventualmente te enamorarás. O usar el dinero del seguro para tomar un viaje que te cambie la vida alrededor del mundo.

Sin embargo, es importante tener en mente que las emociones humanas son una amenaza a la razón. De hecho, estar obsesionado con la idea de que eres desafortunado o tomar decisiones basados en deseos carnales crearan tanta confusión en tu mente que tú no serás capaz de ver a logos como la verdad que es.

Esta es la razón principal por la cual el autor repudiaba ser manejado por las emociones como la venganza, el odio, la lujuria o el apego; mantener su mente en calma, serena y razonable era esencial para él en función de gobernar efectivamente.

Entonces, cuándo él se sentía saturado, él meditaba sobre el logos y su rol en el gran sistema de las cosas. Por medio de hacerlo él podría recordarse a sí mismo su lugar en el universo y encontrar su esencia serena y tranquila.

5. El único dolor que realmente puedes sufrir es aquel que te infliges tú mismo.

La Roma antigua estaba llena de peligros, especialmente para un emperador. Era común, que las personas poderosas cayeran víctimas de la tortura, envenenamiento y daños en combate, ver a sus seres queridos ser asesinados por sus enemigos.

El autor lidió con el dolor causado por todo este sufrimiento por medio de mantener su creencia que experimentar dolor físico era también parte de un bien mayor que era el logos. El plan de logos para mantener un universo funcionando necesita que las personas sufran de vez en cuando para un orden natural que debe proceder.

Es por eso, que, si alguien era torturado y asesinado, experimentando un sufrimiento personal horrible, aún sigue siendo correcto en el gran sistema de las cosas porque eso es lo que se supone que debía pasar.

De hecho, el autor perdió alrededor de 13 de sus hijos durante su infancia, y su esposa eventualmente se unió a ellos, muriendo a una edad temprana. Pero por medio de recordarse a si mismo que todas las cosas suceden por un bien mayor y por razones lógicas, el autor fue capaz de mantener la calma en estos periodos difíciles. Después de todo, desde que logos se basa en la razón, todo lo que sucede es necesariamente bueno y rechazar tal destino no es natural.

Los humanos son a su vez enteramente responsables de las decisiones que toman. Cualquier daño que ocurre a una persona de una fuente externa, es algo más allá de su control y por consiguiente es algo que no puede dañarlos realmente.

¿Cómo es posible esto?

Bien, desde que logos forma parte de cada humano, la única cosa que las personas pueden hacer es aceptar el dolor y avanzar sin quejarse. El quejarse simplemente falta el respeto a la inmortal lógica de logos que esta embebida en cada persona, e inflige dolor adicional a uno mismo.

Conclusión

El universo y la vida en si misma están gobernadas por una fuerza que engloba y ordena el mundo: **logos**. Logos ofrece la prueba que todas las cosas suceden por una razón. Por consiguiente, no hay razón para temer a la muerte, para sufrir o dudar de tu deber a la sociedad, ya que cada uno formamos parte de un plan más grande y perfecto.

Consejo

Trata a otros de manera justa y con amabilidad. Tú eres la única persona quién puede decidir su destino y sus acciones. Entonces, incluso si otros no son cordiales contigo, no te permitas caer a su nivel. Siempre trata a otros con dignidad y justicia y tú nunca sufrirás como resultado de tus propias acciones.

Libro: Como Ser Jodidamente Fantástico

Mentor: Dan Meredith

Que Aprenderás: Una historia de éxito de La vida real

Máxima 2: La Importancia de Ser Egoísta.

1. Para Vivir la vida que quieres, necesitas ser egoísta.

Posiblemente pienses que vivir la buena vida involucre complacer a otros, pero para completar tus metas de vida, primero necesitas empezar por cuidarte a ti mismo.

Hacer de ti una prioridad - **ser egoísta** - te guiará a una mejor vida no solo para ti sino también para aquellos que estén alrededor de ti. Si trabajas en mejorarte a ti mismo, te enfocaras en convertirte en un mejor protector, padre, hermano y amigo.

Imagínate el caso del maestro que va a la escuela con un fuerte resfriado, ¿De qué sirve eso? lo mejor sería que se quedara en casa y se recuperará.

Tener cuidado de ti mismo y de tu vida es crucial. Recuerda que tu vida es única de tal forma que no deberías tratar de vivirla de ninguna otra manera; por ejemplo, el autor tomo la directriz de su carrera que él pensó que sería correcta, cada semana trabajaba 100 horas en trabajos corporativos que le pagaban bien, sin embargo, él no era feliz. De hecho, él se estaba agotando, estresando y sintiéndose vacío. Esto fue porque el simplemente estaba siguiendo el sueño de otros e ignorando su pasión real, el cual era empezar su propio negocio y convertirse en su propio jefe.

Ser egoísta envuelve el balance en áreas de tu vida como la nutrición, el ejercicio y la salud mental.

Si tú estás enfermo mental o físicamente, será difícil empezar un negocio o acercarte a otra meta igual de grande. Es por eso, que necesitas enfocarte en mantenerte balanceado por medio de:

1. Entrenar tu cuerpo y mantenerte en forma incluso si tu odias la simple idea de ejercitarte.

2. Comer comida saludable pero no ser severamente estricto sobre la misma

3. Desarrollar o tener un grupo fuerte de apoyo o amigos y familia. Deja de juntarte con aquellos que sólo te desgastan.

Es importante priorizarte y revisar que las áreas clave de tu vida este en balance. De esta manera estarás tanto en forma como en el correcto estado mental para empezar a trabajar en el cumplimiento de tus metas.

2. Lo que previene a las personas de alcanzar sus metas es su falta de habilidad para expresarse a sí mismos.

¿Has tratado de impresionar a alguien por el hecho de actuar diferente, ya sea para obtener un trabajo o para predominar sobre tu competencia? Muchos tratan de falsificar lo que son para ganar terreno, sin darse cuenta de que esta estrategia seguramente terminará por consumirlos.

En lugar de eso, la mejor táctica es dejar de preocuparte lo que otras personas pensaran de ti. sí tú eres juzgado por otros, y por mantener tu ego, terminas perdiendo demasiadas oportunidades. Por ejemplo, el autor solía ser abrumado por emociones negativas y por "qué pasaría si". El pasó muchos años temeroso incluso de decir hola a las personas debido a que el temía verse ridículo o simplemente sin agradar. La verdad es que, por supuesto, la realidad nunca es tan terrorífica como el peor escenario que te puedas imaginar.

Es más, no sólo no deberías preocuparte, sobre lo que otros piensen sobre ti, sino que también deberías querer mostrar tu auténtico y quiso pro o extracto tú. Las personas pueden oler a los falsos a kilómetros de distancia, aquello que te hace único es lo que hará que las personas quieran estar cerca de ti.

A la persona no les interesa una copia barata de otra, en lugar de eso confía en tus propias ideas y personalidad.

Algunas veces podrá ser complicado mostrar el verdadero tú, pero no deberías temer por pedir ayuda cuando la necesites. Solemos dudar en pedir ayuda o consejo porque tememos ser vistos como débiles. Incluso, pensamos que es injusto molestar a otros con nuestros problemas.

Sin embargo, admitir que necesitas una guía no es una señal de debilidad o que seas un fracaso, contrario a lo que la mayoría de las personas piensan, a las personas les gusta ayudar a otras. Así que cuando tu solicitas ayuda a alguien, es una situación de ganar-ganar porque les estas dando a ellos la oportunidad de ser útiles y compartir su consejo o experiencia.

No tengas miedo de solicitar ayuda y no tengas miedo de ser tú mismo. Dejando ir tus temores, permites a tu persona abrirse y ser honesto, que es lo que vamos a hablar a continuación.

3. Ser honesto con relación a tus habilidades incrementará tu valor.

Seamos honestos, a nadie le gusta admitir sus debilidades o limitantes (incluso ni a ellos mismos). Pero para alcanzar nuestras metas, tenemos que estar deseosos de mirar en ambos sentidos de nosotros mismos, y no solo nuestra mejor faceta.

Se honesto contigo mismo, y empezarás a alcanzar tus metas. Para hacer esto, primero debes escribir una lista con tus fortalezas y debilidades. A pesar de que tu podrás listar tus fortalezas, sería muy probable que necesites la ayuda de otros con relación a listar tus debilidades. Reflexiona sobre tu vida, concentrándote en el lugar donde estás actualmente, y haz que sea una prioridad cambiar cualquier cosa que no te guste.

Otra ventaja de ser honesto es que eso te ayudará a descubrir áreas donde tú puedas ser de valor para otros.

Las personas aprecian aquellos quienes están listos para admitir que no son los mejores pero que son muy buenos haciendo lo que hacen, y que aún tienen espacio para seguir mejorando. Sólo una vez que hayas identificado tus fortalezas y debilidades puedes mostrar a otros donde tus habilidades recaen.

Después de reconocer esas áreas clave, puedes empezar a generar trabajo alrededor de ellas, asegúrate que tus precios reflejen tu nivel de habilidad así que es posible que cargues menos al comienzo. Cuando el autor empezó como entrenador personal, el cobraba 15 libras por hora. Sólo hasta que el ganó más experiencia y confianza en sus habilidades fue que el cobró hasta 100 libras por hora.

Analiza de forma real y honesta tus habilidades. Concéntrate en mejorar en áreas en donde ya brillas e incrementarás tu valor en muy poco tiempo.

4. Para construir una red, necesitas ser interesante y resistente a los haters.

Una vez que tú tienes el momentum para levantar tu proyecto o meta del suelo, tu querrás contarles a las personas al respecto, y para eso, tú necesitas ser interesante.

Ser una persona interesante ayuda a captar la atención de tus productos antes de que el negocio sea bien conocido. Para ser más interesante y reconocido, debes construir y desarrollar tus propias opiniones y pensamientos (en libros y artículos, por ejemplo). Entonces, cuándo la oportunidad se presente por sí misma, puedes compartir tus ideas con otros.

Y recuerda, tener un diverso rango de intereses te hará mucho más interesante para todos.

Otra gran estrategia para ser interesante se puede resumir en la frase "Si quieres ser interesante, se alguien que se interese". Esto significa que tú deberías interesarte de forma legítima en lo que otras personas pueden ofrecer. Cuándo el autor quiere encontrar qué es lo que motiva otras personas, el hace una simple pregunta: "Bien, ¿Qué es lo que haces en tu tiempo libre?

Ten en mente, sin embargo, que no todo mundo pensará que eres interesante, o incluso ni les agradaras. En lugar que dejar que eso te desmotive, usa esta malevolencia para impulsarte hacia la acción.

Los haters van a odiar, y la cruda verdad es que no hay forma de deshacerse de ellos. Pero ten presente que algunos juicios contienen una pequeña porción de verdad, entender estas críticas te ayudará a crecer.

Asegúrate de ser capaz de separar esos comentarios negativos y celosos de aquellos que realmente puede ser una crítica constructiva. No es útil si alguien te dice que tu negocio es una porquería, pero si te dicen que tu negocio no tiene un logo, lo que significa que carece de identidad, ahí hay información valiosa que podrás usar.

También, ten en mente que siempre habrá algo de odio o repudio para aquellos que están teniendo buenos resultados y sobresaliendo en su campo. Los haters son celosos y se sienten amenazados debido a que ellos no han alcanzado el mismo nivel de éxito en sus propias vidas. Entiende que su molestia es su problema y no el tuyo, así que aléjate de la misma.

5. Necesitas un sistema consistente para hacer que las cosas se hagan.

No es posible hablar de metas sin usar las palabras planes o hábitos en la misma oración. OK, quizá sí, pero esperemos, tengas la idea de lo esencial que es la planeación y los hábitos en hacer que todo esto suceda.

Para empezar a planear, necesitas establecer prioridades con un sistema de ranking de uno-dos-tres.

Este sistema fue desarrollado por el autor, a quién le vino la idea cuando el observó a una persona muy exitosa de su localidad. Este hombre alcanzó todas sus metas en sus veintes, por medio de atacarle 3 a 5 cosas de su lista de tareas cada día. Mejorando por medio de este sistema, el autor agregó una valoración de uno-dos-tres, haciendo cada tarea un uno (vital) a tres (no crítica).

Antes de empezar este sistema de valoración, asegurase de que deseches tu mente. Esto es cuando a pasas a papel (incluso a servilleta y a forma de garabatos) todas tus ideas, tareas y cosas que deben hacerse, de tal manera que tú puedas claramente ver e identificar cuales necesitan priorizarse.

Entonces, planear tus hábitos pareciera ser suficientemente fácil, pero ¿Como puedes encontrar tiempo para hacer?

Una estrategia es la de trata la cita del dentista donde tu separas una hora de tu tiempo diariamente para completar cierta tarea específica. Asegúrate de tener un ambiente adecuado sin distracciones donde puedas trabajar de manera consistente. Por ejemplo, el autor prefiere planear y hacer trabajo realmente concentrado en su trayecto en tren. El elige un destino que estaría a un par de horas de tal manera que puede tomarse un descanso en dicho destino y a su vez comprometerse en trabajar de forma enfocada en el tiempo que dura el trayecto.

6. Rodéate de personas con tu mismo estado mental y no olvides dar el crédito cuando sea necesario

¿Alguna vez has compartido tus metas o aspiraciones con un amigo o miembro de la familia, sólo para darte cuenta de que ellos no las entienden, o son incapaces de relacionarse con las mismas?

Es por esta razón que la motivación e inspiración son mejor alimentados por medio de conectar con personas que tienen ideas similares. ¿Pero exactamente qué es lo que debes buscar, y en donde?

Es vital no solamente rodearte de aquellos que conoces, sino también con personas que están persiguiendo metas similares. Puedes tratar de unirte o crear una comunidad en Facebook que se enfoque en tus metas, invertir en un mentor o coach que te ayude a mejorar o bien atender seminarios o talleres con tu audiencia objetivo. Lo último podría ser hacer lo que el autor hizo, él fue a clases con profesionales de la salud, y por medio de conversaciones naturales, él fue capaz de esparcir la palabra sobre su negocio enfocado en mantenerse en forma y obtener clientes orgánicamente.

Finalmente recuerda que las personas son los bloques fundamentales que construyen la mayoría de tus objetivos y negocios. así que no olvides ser agradecido hacia ellos. Siempre da crédito aquellos que te han ayudado. Nunca sabrás cuando necesitarás su apoyo nuevamente.

A la inversa, para aquellos que tratan de callarte y tumbarte - los haters - no reacciones o te rebajes. Quizá trata de responderles cuando estés en un modo más en calma y feliz, pero no cuando estés molesto, un buen consejo es evitar revisar tu email como la primera actividad que haces en la mañana sino hacerlo cuándo este en el humor correcto.

También, considera que los haters tienen sus propios problemas y que quizá estén pasando por momentos complicados, ya sea una crisis financiera, pérdida de un ser querido o algún problema de salud. Estos eventos puedes hacer que cualquier persona salga de su modo habitual, así que trata de entender lo más posible y ser paciente.

7. Obsesionarte con tener al mejor equipo posible

¿Qué consideras que es más importante para generar ingresos, ser amable o ser efectivo?, Espero y hayas escogido la segunda opción ya que es un hecho en los negocios, que cada cierto tiempo, necesitas tomar decisiones que no serán populares en función de mantener el liderazgo y asegurar que cada uno del equipo permanezca en la ruta.

La mejor manera de mantener el control en tu equipo y negocio es por medio de controlar la conversación – literal -.

Todos en tu equipo deberían estar atentos a que tú los estás escuchando y observando todo el tiempo. Esto significa escucharlos en sus llamadas de ventas para asegurarte que tu equipo es agresivo y apasionado sobre mover el producto como si se tratase de ti quién hace la llamada.

Si alguien no cuadra a tu estándar, o si el cliente no fue aconsejado correctamente, es perfectamente aceptable entrar a la conversación y poner las cosas en claro.

Hay otra manera de hacer que tu equipo esté atento y esto es reconociendo el buen trabajo y que personalmente estén comprometidos con cada aspecto del negocio.

El autor tiene el hábito de enviar mensajes personales de gratitud a los trabajadores que colocan un verdadero esfuerzo en su trabajo. Incluso si está a miles de kilómetros de distancia de la oficina, el grabará un video en su celular y lo mandará al equipo. Honestamente, toques personales como este asegurará un compromiso total.

Pero tu control realmente empieza al ser implacable al momento de contratar y de despedir.

Recuerda, cuando contratas a alguien un acuerdo se hace: les pagas y los tratas justamente, mientras ellos hacen y mantienen cierto estándar en su trabajo. Así que si alguien falla en esto no deberías sentirte mal sobre dejarlo ir y reemplazarlo con alguien que realmente haga el trabajo.

Al final es tu obligación construir un equipo que este obsesionado y apasionado con tu negocio tal como lo estás tú. Con esto en su lugar, el éxito se segura.

Conclusión

Hemos cubierto mucho el día de hoy en este análisis, pero ahora es tiempo de tomar toda esta información y ponerla en acción. La mitad del trabajo es aprender, y la otra mitad es la acción. No sólo leas y continúes tu día como si no lo hubieras hecho. Pon estos principios en accionará usarlos de forma inmediata en tus siguientes proyectos.

Ahora es tiempo de ser valiente y avanzar hacia tus metas. No permitas que los haters o las inseguridades tomen ventaja del tiempo limitado que se tiene. en lugar de eso piensa lo que realmente quieras y haz que suceda.

Consejo

Emocionalmente aparta tu persona del resultado.

Libro: El Efecto Compuesto

Mentor: Darren Hardy

Que Aprenderás: Como tomar control de tu vida, alcanzar tus metas y sobrepasar tus limites

Máxima 3: Genera Hábitos de Poder que Den Forma a tus Metas de Vida.

1. **Resultados inmediatos son menos efectivos que una mejora sostenida.**

Dinero rápido y promociones rápidas: Todos estamos buscando por resultados inmediatos estos días. Pero realmente, son los cambios en el largo plazo lo que produce diferencias positivas y mucho más efectivas y gratificantes.

En esta era del "ahora, ahora, ahora", nosotros comemos comida rápida ya que cocinar toma demasiado tiempo, vamos por dietas rápidas para perder 10 kilos en una semana, y volvernos inquietos o desilusionarnos si no somos promovidos en el trabajo este año.

Sin embargo, entre más rápido alcancemos nuestra meta, mayor la consecuencia podrá ser.

No es sano esperar resultados instantáneos. Cuando tú no pierdes 10 kilos en una semana, posiblemente te desilusiones y pienses que no mereces una mejor vida de cualquier manera.

Lo que tienes que hacer es dar pequeños pasos, debido a que acciones positivas, pequeñas y diarias son el secreto para el éxito a largo plazo.

Toma el ejemplo de Scott, en lugar de tratar de perder 10 kilos en una semana, el redujo en 125 calorías su ingesta calórica de su dieta diaria, él estuvo escuchando audios de desarrollo y mejora personal mientras él iba al trabajo y caminaba un poco cada día.

¿El resultado?, algunos meses después él había perdido 15 kilos e incluso había obtenido un ascenso tanto en su puesto y en su paga.

Usar el efecto compuesto significa conocer que cada decisión que haces crea tu destino, y que tú debes trabajar consistentemente antes de experimentar cualquier tipo de éxito. Entonces, para alcanzar tus metas, tú debes mantenerte disciplinado si quieres construirlas, o el trabajo duro que hagas no servirá de nada. Piensa en esos restaurantes o lugares de moda que son tan populares que tienes que esperar siglos para tener un lugar. Muchas veces ellos dan por sentado su éxito y dejan de hacer lo que los hizo populares en primera instancia. Entonces de pronto, el servicio, el menú y demás decae y ahora ya nadie más va a ese lugar.

Es crucial evitar sentirnos desalentados cuándo no vemos los efectos inmediatos y asegurarnos de seguir manteniendo buenos resultados.

Entonces, ¿Cuáles son las claves para un éxito consistente?

2. Transforma tus metas de vida en hábitos diarios.

Algunas veces no queremos admitirlo, pero nuestras opciones y decisiones son lo que forman nuestro destino y nosotros somos responsables de lo que hacemos y de lo que no hacemos, también son las decisiones aparentemente insignificantes lo que nos aparta de ser exitosos. Por ejemplo, nadie quiere tener problemas de obesidad, o estar en banca rota, pero estas son consecuencias de múltiples pobres pero pequeñas opciones y decisiones.

Tú probablemente estés familiarizado con la típica situación donde te encuentras a ti mismo hurgando una bolsa de papas fritas para al final darte cuenta de que ya te la terminaste y ver que acabas de arruinar tu día respecto a comer sano.

Es difícil admitir que tú eres el único responsable de tus acciones. Quizá pienses que sea mala suerte, pero eso es sólo una excusa de tus pobres decisiones. Todos podemos tener suerte. En función de tener suerte, sólo necesitas saber cómo detectar las buenas oportunidades.

Necesitas conectar tus decisiones con la motivación correcta y metas claras, porque cuando tienes metas bien definidas, puedes enfocarte en ellas de forma mucho más

113

efectiva. Tu mente empezará a ver las oportunidades en frente de ti y empezaras alcanzarlas.

Recuerda la ley de atracción, **"lo similar atrae lo similar"**. Pensar en acciones positivas mostrará cosas positivas delante de ti.

Entonces, ¿Cuáles son tus metas?, ¿Qué te hace feliz?

Considera las áreas de los negocios, salud, espiritualidad, familia, estilo de vida y lista todos los atributos, comportamientos, y características que necesitas para alcanzar tus objetivos, y trata de aplicarlas a tu vida diaria.

Esto significa cortar malos hábitos. Lista tus malos hábitos de tal manera que puedas ver cuando y donde actúas en función de estos malos hábitos que no son buenos para ti.

3. Crea una rutina para mantener el momentum en movimiento.

Entonces, hemos aprendido que el primer paso para detonar tu éxito es cuando tomas las decisiones correctas. ¿Pero cómo es que mantienes ese hábito? Para esto tienes que usar el Gran Mo.

Si mantienes tu conducta favorable por el tiempo suficiente, vas a caer en un ritmo natural y consistente. Mientras mantengas ese ritmo, tú seguirás tomando decisiones correctas, y empezarás a sentirte imparable.

Ese es el poder del Gran Mo, es decir el Gran Momentum es la fuerza más poderosa que te conduce hacia el éxito.

Un ejemplo es el atleta Michael Phelps. Su entrenador sólo le permitió salir antes de su entrenamiento 1 vez en 12 años y sólo fueron 15 minutos antes para que pudiera asistir a una escuela de baile. Pero toda esa práctica lo llevo a generar el Gran Mo. siendo el atleta olímpico con más medallas de oro de la historia.

Para mantener el momentum funcionando, tu comportamiento óptimo tiene que volverse una rutina diaria, por lo que necesitarás un plan.

Recuerda ser realista y no tratar de hacer todo en un período de tiempo corto. Un ejemplo claro es el gimnasio, lo que importa es la constancia.

Después, elimina situaciones que te causan alejarte de tus metas.

Los medios de comunicación, por ejemplo, pueden tener un efecto negativo en tu energía sin ni siquiera notarlo. Anuncios, noticieros con malas noticias, programas basura, pueden dar un giro negativo en tu actitud y expectativas. En lugar de eso por qué no escuchas algo que te inspire o conversas con alguien que aprecies y eleve tu estado mental.

Finalmente presta atención a tu ambiente, algunas veces tienes que cambiarlo en función de cumplir tus metas, las personas muy frecuentemente tienen una influencia significativa en ti, así que mantén amigos que te apoyen alrededor para que el momentum siga manteniéndose.

4. Abraza los obstáculos para acelerar tu camino de éxito.

Mientras progresas, vas a chocar con límites personales, la pregunta es, ¿Dejaras de empujar, o romperás el muro limitante?

Tu disciplina y tus rutinas representan la diferencia entre el viejo tú y el tú más fuerte y mejorado. Encontrarás que tus nuevos hábitos se van a compenetrar y tú cambiarás en una mejor versión. Así que cuando llegues al límite sobre lo que piensas que puedes alcanzar, empuja a través de ese límite para obtener resultados más rápidos y multiplicar tu efectividad.

Recuerda el famoso principio de Arnold Schwarzenegger sobre su entrenamiento de levantamiento de pesas. Cuando llegues al máximo número de repeticiones que puedes aguantar hecha tu cuerpo hacia atrás para acceder a otro grupo de músculos que de apoyo a los músculos que se están trabajando. Hacer esto habilita que puedas agregar 5 o 6 repeticiones más a tu serie.

De manera similar, empujar a través de tus límites personales únicamente te hará más fuerte.

Imagina un escenario en el que tengas como objetivo perder 5 kilos, entonces golpea la barrera debido al entrenamiento. Recuerda, tú ya sabes cómo mantenerte disciplinado, tomar buenas decisiones, construir momentum, entonces ahora escoge empujar a través de ese muro, y te vas a dar cuenta que no solamente vas a alcanzar tu objetivo, sino que te harás más fuerte.

Siempre es en tu propio beneficio empujarte a ti mismo un poco más, avanza un poco más, y prepárate un poco mejor.

Así que, si quieres colocarte adelante de los demás y del viejo tú, necesitas entonces romper tus propios límites.

Conclusión

Las claves para el éxito es darse cuenta de que sólo tú eres responsable de tu vida, formar nuevos hábitos saludables diarios, cultivar la disciplina y presionarte más allá de tu zona de confort.

Ir hacia tus metas a la velocidad de la luz puede algunas veces ser contraproducente y frecuentemente no posible. En lugar de eso, un progreso constante, consistente y paciente es lo que te llevará donde realmente quieres estar.

Consejo

¡Pon a prueba que tú eres el jefe!

Libro: Las 48 leyes del poder

Mentor: Robert Green

Que Aprenderás: Descubre la historia, los secretos y lo que realmente funciona para tener poder

Máxima 4: Si quieres ser tratado como un superior, debes actuar como uno.

1. **Hacer alarde de tu inteligencia no te hará ganar la simpatía de tu jefe, pero hacer que él o ella brille si lo hará.**

¿Alguna vez has tratado de impresionar a tu jefe, sólo para terminar con tu cara estrellada en el piso? Bien, si tú alguna vez has fallado en impresionar a alguien que está en una posición de poder, esto pudo haber sido resultado por tratar de opacarlos, o haberte querido lucir más que ellos. Después de todo, las personas poderosas quieren ser el centro de la atención; tratar de impresionarlos fuertemente puede desviar la atención de ellos hacia ti, dañando su orgullo en el proceso.

Pero lo que es peor aún es actuar superior a ellos, un movimiento que podría hacer pensar a tu jefe que eres una amenaza para su posición y, consecuentemente, te deje fuera de la compañía.

Toma por ejemplo la relación entre el rey Luis XIV de Francia y Nicolas Fouquet, el ministro financiero del rey. Un consejero listo y leal, Fouquet se volvió imprescindible para su rey, pero esto no le garantizó su posición de primer ministro cuando el ministro titular murió. Para ganar la simpatía del rey, Fouquet dio una lujosa fiesta en su castillo decorado extravagantemente para mostrar al rey lo bien conectado e influyente que era.

El día siguiente, Fouquet fue arrestado por órdenes del rey, que se sintió eclipsado y sin piedad acusó al primer ministro de robo que era la causa de acumular tal fortuna extravagante. EL pobre Fouquet paso sus días en la celda de una prisión.

Así que ya sabes la forma de cómo no impresionar a tu jefe, sin embargo ¿cómo te ganas su simpatía? Una mejor estrategia es siempre hacer que la persona a cargo se vea más inteligente que cualquier otra persona, cualquiera...incluyéndote.

Por ejemplo, el astrónomo y matemático Galileo Galilei desesperadamente quiso reunir fondos para su investigación, y encontró una manera ingeniosa de hacerlo. Cuando él descubrir las 4 lunas de Júpiter en 1610, él se aseguró de vincular su descubrimiento con el aspirante al trono Cosimo Segundo de Medici.

¿Cómo?

En un acto de astucia, Galileo dijo que las 4 lunas representaban Cosimo Segundo y sus hermanos, mientras que Júpiter era comparado con Cosimo Primero, el padre de los 4 hermanos. Gracias al hecho de saber jugar con el ego de su rey, Galileo fue nombrado el matemático y filósofo oficial de Cosimo segundo.

2. Toma crédito del trabajo de otros y asegúrate de proteger el tuyo.

¿Alguna vez consideraste reclamar partes del trabajo de otra persona como tuyas por medio de plagiarte algunos pocos fragmentos clave? ¿Alguna vez de manera sigilosa robaste las respuestas de tu compañero de clase en un examen de matemáticas? Quizá lo hiciste o quizá no lo hiciste. Pero la verdad es que llegar al poder algunas veces frecuentemente significa tomar el trabajo de otros y usarlo en tu beneficio.

¿Por qué gastarías tu energía haciendo las cosas por ti mismo si alguien más puede hacerlo por ti? Por ejemplo, ¿Sabías que el científico serbio Nikola Tesla trabajó para el famoso inventor Thomas Edison? y fue de hecho Tesla y no Edison, quién fue clave en crear el famoso dínamo de Edison por medio de mejorar lo que en ese momento era el diseño primitivo de Edison.

Para hacer este descubrimiento, Tesla trabajó sin descanso por un año entero, regularmente pasaba 18 horas en su laboratorio. Pero hoy en día, es a Edison a quién se le atribuye el dínamo.

Poco ha cambiado desde los días de Edison. Sólo piensa como algunos pocos políticos escriben sus propios discursos y como novelistas famosos toman prestado de otros escritores.

Pero recoger los beneficios del trabajo de otros no es suficiente, también necesitarás quedarte con el crédito de estos. Por ejemplo, Edison y su compañía se quedaron con todo el crédito del trabajo de Tesla respecto al dínamo. Edison ni siquiera compartió un centavo de sus ganancias con Tesla, aun siendo que él le había prometido darle una suma de $50,000 dólares.

Así, que ten el experimento de Tesla en mente, recuerda que el crédito que se otorga por una invención o creación de cualquier tipo es tan esencial como la invención en sí misma. Si tú no reclamas el crédito, alguien más saltará y tomará tu idea y todo el crédito que viene con ella.

3. **Ganar poder sobre alguien significa conseguir conocerlo y colocarte como su amigo es la mejor forma de hacerlo.**

Quizá te hayas encontrado con este problema antes: Tú te estas esforzando por superar la técnica de la competencia, pero no puedes de una forma acertada predecir las estrategias de tus competidores. ¿Cómo le das la vuelta a estos?

Bien, otro truco para ganar poder es obtener información importante sobre las personas que tú quieres controlar. Y para obtener algo de alguien, primero necesitas saber de ellos. Después de todo, conociendo los planes de una persona, debilidades y deseos te ayudará en ambos sentidos primero en ganarte su simpatía y segundo guiar sus acciones.

Toma el ejemplo del comerciante de arte Joseph Duveen, quién en 1920 resolvió ganarse como cliente al industrial Andrew Mellon (uno de los hombres más ricos de su tiempo). Pero Mellon no era fácil de convencer, así que Duveen decidió sobornar al equipo de Mellon en función de que le pasaran información secreta sobre su jefe.

Cuando Mellon viajó a Londres, Duveen se aseguró de seguirlo. El comerciante apareció en la misma galería de arte que el industrial estaba visitando, supuestamente por casualidad, y conectó con él con una vibrante conversación.

Debido a que Duveen sabía demasiado respecto a los gustos de Mellon, el rápidamente se ganó su simpatía, haciéndole creer que ambos compartían gustos comunes por el arte y otras cosas más. Como resultado, el encuentro terminó en buenos términos y Mellon pronto se volvió el mejor cliente de Duveen.

Entonces, ¿De qué manera puedes conseguir lo que Duveen hizo?

Puedes contratar a un informante, o mejor aún, actúa como un espía colocándote como un amigo de la persona. Mientras que la mayoría de las personas optan por contratar un espía como Duveen hizo, esta estrategia es riesgosa. Después de todo, ¿cómo puedes asegurarte de que los espías están siendo honestos contigo?

Para asegurarte que tu información es acertada, es mejor hacer el trabajo tú mismo, esta no es una tarea fácil, ya que las personas generalmente dudan en compartir información privada con extraños.

Sin embargo, ellos no son tan reservados cuando están en la compañía de alguien que consideran su amigo, lo que hace que colocarse como compañero una estrategia altamente efectiva.

4. Actúa de forma impredecible para confundir a tus competidores

Probablemente tú sabes que a la mayoría de las personas no le gustan los cambios repentinos, pero ¿Sabías que puedes usar el no ser predecible para tu ventaja competitiva? Actuar de manera no predecible puede mantener a tu competencia fuera de balance, y aquí está como:

En escenarios competitivos, tus oponentes probablemente intentarán fuertemente saber tus pasos por medio de monitorear tus hábitos y toma de decisiones, y ellos no dudarán en usar esa información en tu contra. En esta situación, tu mejor movida es actuar de manera errática - el ser impredecible te protegerá de ser entendido por tus oponentes, lo cual los intimidará y los incomodará.

Toma como ejemplo el famoso torneo de ajedrez de 1972 entre Bobby Fischer y el campeón ruso Boris Spassky. Fischer sabía que la técnica de Spassky era dirigirse hacia las rutinas y la predictibilidad de su oponente, y Fischer usó esta información a su favor jugando de la manera menos predecible posible.

Aún en los días previos al juego, Fischer no dejaba claro si iba a llegar a Reikiavik o no, lugar donde sería el juego. Y cuándo él arribó, fue momentos antes del juego el cual estaba a punto de ser cancelado por su ausencia. Después de este golpe, Fischer procedió a quejarse respecto a todo desde la luz, hasta las sillas y el ruido del cuarto.

Cuando ellos finalmente comenzaron el primer juego del torneo, Fischer cometió errores descuidados antes de rendirse, un movimiento extraño ya que él era conocido por su persistencia. Spassky no podía decir si él realmente estaba cometiendo errores o sólo estaba jugando.

En este punto, Fischer tenía a Spassky justo donde lo quería: cuándo tu competidor está lo suficientemente confundido, y estás en la posición perfecta para ganar.

¿Por qué?

Hacer cosas que dejen perplejos a tus oponentes hará que ellos traten de explicar tu comportamiento y los distrae de la tarea que tienen encomendada, dándote la oportunidad de atacar.

Así que, después de 2 juegos de ajedrez, Fischer comenzó ganando un juego tras otro con movimientos audaces. Cuando todo ya estaba dicho y hecho. Spassky cedió y Fischer fue nombrado campeón del mundo.

5. Rendirte a un oponente más fuerte te ayudará a obtener poder debajo de la línea.

¿Alguna vez te has ido en contra de alguien sabiendo que no le vas a ganar?, Sabiendo que es común para las personas pelear por la gloria en contra de la adversidad, no es la ruta para el poder. Entonces ¿Qué debes hacer cuando enfrentes a un oponente más poderosos que tú?

Rendirte.

Esto puede parecer una pésima estrategia, especialmente debido a que los humanos pelean instintivamente a sus enemigos para protegerse. Pero cuándo un competidor actúa con agresión, el esperará que tú respondas igual. En los casos que tu sepas que la competencia te ha vencido, tu mejor movimiento es hacer lo opuesto y rendirte.

¿Por qué?

Si tú te rindes, o por lo menos convences a tu enemigo que has tenido suficiente, al menos puedes asegurar que él ya no te dañará más de manera substancial. No sólo eso, sino que tu oponente, pensando que él ha ganado, también bajará su guardia. Cuando lo haga, tu tendrás una oportunidad de oro para recuperar tu fuerza y planear tu siguiente movimiento.

Toma el caso de Bertolt Brecht, un escritor de la revolución, de ideas comunistas quién emigro a los Estados Unidos en 1941 para unirse a otros intelectuales exiliados de Europa. Después de la segunda guerra mundial, Brecht y sus pares fueron llamados ante el congreso de los Estados Unidos, que los estaba investigando por una supuesta infiltración comunista en Hollywood.

Mientras que sus seguidores radicales causaron una conmoción y retaron a la autoridad del congreso por medio de gritos y no cooperando, Brecht estaba calmado y educadamente contestó todas las preguntas que le hacían.

Debido a su buen comportamiento, Brecht fue liberado por parte del gobierno, el cuál de hecho ofreció ayudarle con su proceso de inmigración, aunque al final, su ofrecimiento fue irrelevante ya que el decidió dejar el país y continuar escribiendo sobre sus firmes creencias.

¿Y qué pasó con sus amigos revoltosos?

Ellos fueron incorporados a la lista negra, incapaces de publicar por años.

Entonces, sigue el ejemplo que Brecht hizo y haz de rendirte una herramienta de auto empoderamiento. Construye una fortaleza a largo plazo en lugar de hacer sacrificios mayores por asaltos cortos de gloria.

6. Si quieres ser tratado como un superior, debes actuar como uno.

¿Estás en una posición superior respecto a otros?, Si es así, es esencial actuar acorde, al menos claro está, que prefieras que te vean como su igual. Pero una palabra de advertencia:

Actuar como si fueras igual a otros mientras que tienes una posición superior a ellos sólo inspira el desprecio y la rebeldía.

Toma el ejemplo de Louis-Philippe, rey de Francia durante 1830 y 1840. El despreció ceremonias reales, así como los símbolos asociados con el trono. En desafío de las formalidades de su posición, él se veía de manera infame al vestir un sombrero gris y un paraguas en lugar de tener su corona y cetro real. De hecho, él ni siquiera mantenía contacto con la realeza, sino más bien pasaba su tiempo con banqueros más que nada.

Pero el comportamiento del rey no le hizo ningún bien, él pronto fue odiado por ambas partes, ricos y pobres. La gente rica lo desaprobaba por no actuar como un rey, mientras que a los pobres no les gustaba un rey que actuara como las clases bajas pero que no viera por ellos. Incluso sus amigos banqueros se volvieron en su contra cuándo descubrieron que ellos podían insultarlo sin temor a un castigo o reprimenda.

Todo este odio y desprecio acumulado tenía tan molesta a las personas en su contra que él se vio forzado a abdicar al trono.

En general, la gente desconfía de rangos altos que actúan como sus iguales; hacerlo guía a las personas a pensar que eres deshonesto, ya que ellos asumen tu modestia como un truco malicioso para ocultar tus privilegios.

Entonces, ¿Cuál sería una mejor táctica?

Tú deberías usar mejor la estrategia de la corona para hacer que las personas te traten como la realeza. Simplemente colócala, Si tú crees que estas encima de otros y actúan de esa manera, otras personas empezaran a creer que eres superior también. Cuando las personas ven que actúas de manera superior, ellos asumirán que hay una buena razón para ti por lo cual hacerlo.

Por ejemplo, Cristóbal Colón se comportó como de la realeza y, consecuentemente, muchas personas lo vieron a él de la misma forma. De hecho, él estaba socializando tan confiadamente con la familia real española que eventualmente convenció al trono español de que financiera sus viajes.

7. Para ganar poder sobre otros, la seducción funciona mejor que la represión o el castigo.

Imagínate que eres Chuko Liang, jefe estratega del ancestral estado chino de Shu: La guerra ha sido declarada en China por el rey Menghuo del sur y detenerlo a él y salvar tu país está en tus manos.

Pero antes de aprender lo que deberías hacer, es esencial saber qué no hacer.

Primero que todo, usar la fuerza y tácticas de coerción nunca es sabio, aun cuando estás son las opciones más fáciles. De hecho, si tu ejercitas tu fuerza, las personas secretamente estarán resentidas porque usase la fuerza bruta contra la resistencia. Liang sabía esto y no atacó con fuerza, aun sabiendo que él probablemente vencería a la armada invasora.

Una mejor estrategia es la seducción, las personas tienden a ser controladas por sus emociones, y por medio de jugar con sus sentimientos, puedes hacer que ellos hagan lo que tú quieres... por su propia voluntad.

Puedes hacer esto por medio de amenazar a tu oponente de tal forma que ellos esperan dolor, y entonces de pronto trátalos amablemente. Por ejemplo, Menghuo atacó China, Liang lo capturó a él y a su ejercitó. Menghuo fue separado de sus soldados y esperaba lo peor, pero para su gran sorpresa a él se le ofreció deliciosa comida y vino.

Mientras Liang liberaba a los soldados enemigos, él sólo dejaría ir a Menghuo cuándo el enemigo del rey prometiera que, si el volvía hacer capturado otra vez, él se arrodillaría ante el rey chino.

Y siendo que Liang capturó a Menghuo muchas más veces, él siempre lo dejaba ir. Entonces, en la séptima captura, Menghuo cayó ante los pies de Liang, rindiéndose tanto él como su reino.

Aun sabiendo que Liang podría haber matado a Menghuo cuándo fue capturado, un hecho que el enemigo del rey estaba consciente, él le dio varias oportunidades y lo trató bien cada vez. Como resultado, Menghuo su gratitud y su deuda con el rey chino creció enormemente, hasta que finalmente él se rindió por su propia convicción.

Conclusión

El mundo históricamente ha sido gobernado por medio del poder y la conquista. Claro, mucho ha cambiado en la era moderna, pero la importancia de control y dominar sigue permaneciendo. Por medio de aprender de los fallos y las victorias de las luchas históricas del poder, tú también te puedes convertir en una fuerza con la que se puede contar.

Consejo

Haz brillar a la persona de la cuál quieres ganarte su simpatía.

Libro: El Poder de Tu Mente Subconsciente

Mentor: Dr. Joseph Morphy

Que Aprenderás: Como aprovechar el poder de tu mente subconsciente

Máxima 5: Cuida Tus Pensamientos, Ellos Dan Forma a Tu Destino.

1. **La mente subconsciente esta propensa a la sugestión, la cual puedes usar como una ventaja a tu favor.**

¿Recuerdas cuando aprendiste a andar en bicicleta? Al comienzo requería concentración y atención intensa de tu mente consciente, pero después de un tiempo, tu subconsciente empezó hacerse cargo de las cosas y muy pronto, andar en bicicleta fue una tarea natural, casi automática.

Este es un gran ejemplo del aprendizaje de lo consciente a lo inconsciente, una increíble herramienta a tu disposición. Usarla sólo requiere aprovechar el poder de tu mente subconsciente por medio de la repetición de pensamientos positivos.

Tomemos por ejemplo el ejemplo del tenor Enrico Caruso, a finales del siglo XIX el actuó en famosas casas de opera en Europa y Estados Unidos. Sin embargo el solía sufrir espasmos en su garganta que lo hacía empaparse en sudor momentos antes de cuando se suponía debía cantar.

¿Por qué?

Bien, su mente estaba llena de pensamientos negativos, él siempre se imaginaba que la gente se reiría de él en el escenario o que haría una mala actuación, Sin embargo, él hacía frente a esta situación diciéndole a su "pequeño yo", o mente consciente, que dejara de interferir con "enorme yo", o su mente subconsciente. Por medio de repetir esta práctica de meditación, él eventualmente le dio a su mente subconsciente la habilidad para ignorar sus miedos, liberando así más energía de su poderosa caja de voz.

En otras palabras, la mente subconsciente es extremadamente poderosa. de hecho, puedes absorber y manifestar cualquier idea que tú le sugieras.

Por ejemplo, el caso de los experimentos de hipnosis.

También podemos considerar otro caso importante documentado, el del cirujano escocés Dr. James Esdaille. Él cuál entre los años de 1843 y 1846 llevó a cabo más de 400 operaciones, incluyendo amputaciones, antes de que se desarrollara la anestesia. La tasa de mortalidad de sus procedimientos era increíblemente baja, alrededor del 2 -3 por ciento, y todo esto era gracias a su técnica de sugestión hipnótica hacia sus pacientes para que ellos no contrajeran una infección. Esta herramienta hipnótica era suficiente para obtener una respuesta rápida por parte de la mente subconsciente y por consiguiente de sus cuerpos.

2. Tú puedes usar el poder del pensamiento positivo y la visualización para lograr tus objetivos

De vuelta al siglo XVIII, los sacerdotes aliviaban las enfermedades por medio de convencerlos de que Dios los sanaría. Increíblemente, esta forma de trabajo usualmente funcionaba. Pero no era por una deidad misteriosa que se encargaba de ello, sino que la mente subconsciente era el verdadero sanador.

Este aparente efecto super natural, puede ser explicado por el hecho que los pensamientos positivos le dan a tu subconsciente el poder de sanar enfermedades. La historia del familiar y el pedazo de madera. Enfermo de tuberculosis, una tabla que consiguió de un monje en Europa, que había sanado a miles, que solo bastaba con cortarla, su familiar se dormía con el pedazo de madera, se alivió y nadie le dijo nada por miedo a que decayera.

De manera similar, simplemente el hecho de imaginar algo que deseas puede ayudar hacerlo realidad. En el programa de radio que tenía el autor el discutió el método de la visualización, poniendo como ejemplo a los vendedores de bienes raíces. En este método, la visualización es usada para crear y mantener una imagen mental hasta que la mente subconsciente la haga realidad.

En el caso de los vendedores de bienes raíces, el primer paso era construir la confianza de que la propiedad tenía un precio razonable, Después en un estado adormilado, la persona tenía que verse celebrando el día que la venta se cerró. Mientras la persona dormitaba, teniendo esta imagen en su cabeza, su mente subconsciente haría la conexión entre el vendedor y el comprador.

Esto funcionó tan bien que miles de cartas fueron enviadas por los escuchas agradeciéndole la ayuda que los hizo vender sus propiedades.

3. La visualización y la pasión pueden ayudarte a alcanzar increíbles resultados.

Tú sabes ahora como la visualización puede ayudarte a vender tu casa, pero ese es sólo el principio. Esta poderosa herramienta puede hacer mucho más. Puede ayudarte a atraer dinero y para que eso se dé, tú sólo necesitas tener una imagen de tu resultado deseado y dejar que tu subconsciente se encargue del resto.

Este caso del aspirante a doctor que no tenía recursos.

Otra forma en la que tu subconsciente puede ayudarte radica en superar la envidia, un sentimiento de inferioridad que puede obstruir tu camino hacia la riqueza. Por ejemplo, ver a otra persona cobrar un enorme cheque puede hacerte sentir envidia, pero tú fácilmente puedes vencer esta respuesta.

La solución está en desear mayor riqueza y bienestar a otros, lo cual señalará a tu subconsciente que tú mereces lo mismo para ti. Si en lugar de eso tu permaneces con envidia, tú sólo evitarás la afluencia de tu propio potencial.

Y finalmente tú puedes alcanzar tremendos beneficios al emparentar la visión con la pasión. El autor menciona el caso de un joven farmacobiólogo el cuál su sueño era tener su propia empresa de fármacos. Y fue por medio de su visualización y pasión que el vio materializada sus ambiciones.

4. Usa tú mente subconsciente para guiar tus opciones y atraer el tipo de pareja que quieres.

¿Sabías que los humanos pasan la tercera parte de su vida durmiendo?

Pero esto no significa que sea un tiempo perdido. De hecho, muchas cosas pasan mientras duermes; tu cuerpo restaura su energía, sana más rápido y hace la digestión de una manera más apropiada. Con tu cuerpo físico tan activo durante el descanso, es mejor que creas que tu subconsciente está trabajando durante la noche también, esmerándose en protegerte.

Increíblemente, estos poderes intuitivos de tu subconsciente pueden ayudar a guiarte, toma el ejemplo de uno de los escuchas del autor de su programa de radio. A una señora de los Ángeles, le ofrecieron un trabajo muy bien remunerado en New York, más del doble de lo que ganaba, pero no podía decidir si tomarlo o no. Al final lo dejo a su mente subconsciente, confiando que su respuesta vendría durante sus horas de sueño.

Ella practicaba la meditación y mientras dormitaba ella tuvo una fuerte sensación de que no debía tomarlo. Meses después la compañía se había ido a la quiebra. La intuición de su mente subconsciente la había guiado para tomar la decisión correcta.

Y eso no es todo lo que tu mente subconsciente que hacer mientras duermes; hasta puede ser capaz de encontrarte tu pareja ideal por el simple hecho de enfocarte en las cualidades que deseas encontrar en la otra persona.

Y aquí hay un caso interesante, el autor conocía una mujer que había tenido 3 exmaridos, los cuales los 3 habían sido pasivos y débiles, a pesar de su atracción por cualidades opuestas. ¿Qué era lo que estaba pasando?

Esta persona tenía una personalidad muy fuerte y dominante lo que la había hecho atraer de manera subconsciente parejas sumisas. Sin embargo, por medio de la construcción mental de su esposo ideal cada noche, ella tuvo éxito en romper el patrón.

5. **Puedes escoger ser feliz, y dejar ir los pensamientos negativos que se presentan en tu camino.**

Prácticamente todos hemos conocido la satisfacción que puedes experimentar tanto si haces un gran negocio o si te encuentras un billete de 20 en la calle. Pero también sabemos que esa felicidad es pasajera. Afortunadamente, hay maneras de conseguir más felicidad en tu vida. Y esto comienza por medio de cambiar tus pensamientos.

En función de ser feliz, necesitas escoger la felicidad. Por ejemplo, un vendedor una vez le pidió al autor un consejo, ya que a pesar de desempeñarse mejor que sus compañeros, él nunca había recibido un reconocimiento en su trabajo.

Él culpaba de esta discrepancia a que el gerente de venta no sentía simpatía por él por lo que lo trataba pobremente. Su mente estaba llena de hostilidad y enojo hacia su jefe y, eventualmente, estos pensamientos, empezaron a obstruir su progreso.

Sin embargo, él se dio cuenta que tenía el poder de escoger felicidad en lugar de seguir con una mentalidad negativa. Él empezó a desear salud y éxito a su jefe y practicó la visualización para que este lo felicitara por sus logros, viéndose con un amistoso apretón de manos y una gran sonrisa en el rostro.

Un día, su jefe lo llamó, y lo promovió a gerente de ventas, dándole además un gran incremento en el proceso.

La enseñanza aquí es que los pensamientos negativos son altamente perjudiciales y pueden alejarte o apartarte de alcanzar la paz mental. Aquí podemos citar a uno de los asociados del autor que trabajaba cada día hasta la 1 de la mañana, siendo negligente con su esposa y sus 2 hijos además de causarle que sufriera de presión alta.

¿Pero por qué era tan workaholic?

La historia tenía un trasfondo con la muerte de su hermano muchos años atrás.

Para ponerle fin a este sufrimiento y sanarse, el primero tuvo que perdonarse a sí mismo, hasta que no lo hizo, no pudo mejorar el resto de sus relaciones.

6. Reemplaza temores con pensamientos positivos para superar obstáculos y permanecer joven.

¿Cuándo eras niño, te asustaban los monstruos que estaban debajo de tu cama, cierto?

Y si eres como muchos niños probablemente recuerdas el sentimiento de alivio cuando tu mama prendía las luces, haciéndote ver que todo estaba bien. La verdad es, todos los temores son construidos en base a tales pensamientos falsos y el terror puede fácilmente desaparecerse al enfrentarlos.

Uno de los miedos más comunes son el fracaso y la impotencia. Un ejemplo de esto es la historia de Mr. Jones, un bebedor compulsivo, que duraba semanas bebiendo.

Otro miedo común es a envejecer, que puede sobreponerse por medio de modificar tu pensamiento sobre los procesos del envejecimiento. después de todo tú sólo envejeces cuándo dejas de soñar y de aprender nuevas habilidades, lo que realmente significa estar joven es el hecho de mantenerse activo.

Y si no me crees considera la historia del padre del autor, quien a los 65, aprendió francés y se volvió un especialista en la lengua a los 70 años. Y además siguió estudiando y enseñando hasta la edad de su muerte a los 99 años.

Conclusión

Tú mente subconsciente está constantemente trabajando, y tú puedes aprovechar su poder para tu propio beneficio. Esta fuerza latente puede ayudarte a derribar cualquier obstáculo o problema en tu vida, mejorando la manera en la que te sientes tanto de forma física como emocional. Por último este proceso completo gira en torno a la visualización exitosa y al desvanecimiento de pensamientos negativos.

Consejo

Visualiza el resultado que anhelas como si ya fuese una realidad.

Libro: La Jornada Laboral de 4 Horas

Mentor: Tim Ferris

Que Aprenderás: Como Conseguir el estilo de vida que quieres, ser más productivo y automatizar tu fuente de ingreso.

Máxima 6: El Estado Mental de los Nuevos Ricos.

1.   **Para los Nuevos Ricos, ser ricos significa vivir una vida espléndida, aquí y ahora.**

Muchas personas piensan que para que la vida tenga sentido deben vivir una vida de trabajo duro para conseguir lo necesario para cubrir sus necesidades, y esperar hasta su retiro en un futuro distante para tener la libertad y riqueza.

Millones de esclavos de escritorio modernos sacrifican los mejores años de su vida en trabajos que no disfrutan. Para mantener la fe en lo que están haciendo, se engañan a sí mismos en la creencia que el trabajo tiene que ser duro y que eso les retribuirá en algún punto en el futuro.

En realidad, ellos terminan aplazando todo lo que disfrutan en sus vidas sólo para despertar un día y darse cuenta de que los buenos tiempos nunca se materializaron.

Los nuevos ricos no aceptan este tipo de vida: Ellos abandonan sus trabajos de esclavo de oficina y escogen estilo de vida rico de disfrutar el aquí y ahora.

Convertirte en uno de los nuevos ricos no significa que necesites mantener millones de dólares debajo del colchón; una vida plena es por lo regular mucho más barato que lo que la gente piensa.

Las cosas que sueñas como hacer viajes alrededor del mundo o tener mucho tiempo para tus hobbies o pasatiempos no son por definición exclusivos de los millonarios. Estas cosas también están disponibles para los nuevos ricos, y ellos no necesitan millones para disfrutarlos.

Lo que realmente necesitas es tener movilidad y flexibilidad, necesitas ser capaz de hacer lo que quieras donde quieras. Esto usualmente requiere solo de un ingreso moderado y automático: una fuente de dinero que puedas mantener con poco esfuerzo desde cualquier parte del mundo.

Esta es la clave para vivir exactamente la vida que quieres.

2. Escribe tus propias reglas, y siempre apunta alto.

Los nuevos ricos nunca siguen las reglas de otros sin cuestionarlas. En lugar de eso ellos escriben sus propias reglas, ignoran las expectativas convencionales, y están dispuestos a ejercer presión cuando sea necesario.

Adopta este estado mental y tú, también, podrás apuntar alto y completar incluso objetivos mayores, estos que son llamados "poco realistas" como viajar por el mundo, convertirte en campeón mundial de tango o aprender un nuevo idioma cada año.

Apuntar alto te va a distinguir de todos aquellos que piensan "de forma realista" y se establecen en la mediocridad.

De hecho, como la mayoría de las personas se establecen en lo normal en lugar de apuntar hacia lo grandioso, la competencia por estas metas normales es usualmente mucho más feroz.

Las cosas poco realistas probablemente sean más fáciles de alcanzar de lo que piensas, debido a que sólo unos pocos se preocupan por pensar en grande. Por lo general se está sólo en la cima, lo que significa que hay menos competencia para ti.

Mientras la mayoría de las personas tienden a sobrevalorar los riesgos de soñar en grande y apuntar alto, los nuevos ricos, tratan de entender lo que podría ser el resultado del peor escenario posible de cualquier alocada decisión. Por ejemplo, si decides viajar por el mundo justo ahora, y todo fuera mal, ¿Qué es lo peor que podría pasar?

Intuitivamente, la mayoría de las personas les aterra empezar un viaje hacia lo desconocido, pero usualmente esto se debe simplemente a que ellos nunca consideraron los verdaderos riesgos que estarían enfrentando. Cuando tomas una mirada crítica de los riesgos, usualmente encuentras que incluso la peor "catástrofe" que pudiera resultar no es el fin del mundo en absoluto. Por ejemplo, si pierdes todo tu dinero y descubres que tu viaje no resultó como esperabas, siempre puedes cancelarlo y empezar algo nuevo.

Adopta este estado mental y encontrarás la calma que está ayudando a los nuevos ricos a conquistar el mundo.

3. **Toma acción hoy, y da un paso fuera de tu zona de confort.**

En lugar de vivir sus sueños, muchas personas pasan sus vidas escapando de ellos. Toman el camino seguro y viven una vida penosa, imaginándose el confort de la ilusión de que al menos ellos disfrutarán la vida en su retiro.

Si quieres unirte a los nuevos ricos, debes dejar de mentirte a ti mismo. El momento justo para empezar a vivir tus sueños es AHORA. Olvídate de la frase, "Lo haré mañana". Necesitas empezar hacer las cosas correctas ahora.

Para hacer esto, debes anhelar cruzar los límites de tu zona de confort. Permaneciendo dentro de tu zona de confort te habilita a que siempre te estés mintiendo de tal forma que mantienes una fe ciega en todo estará bien de alguna forma en algún momento.

Esta forma de pensar por lo general es erróneamente etiquetada como optimista, pero en realidad es pereza mental. Viene del miedo de los retos que debes enfrentar si tú quieres alcanzar metas grandes en tu vida.

Enfrenta tus miedos. Haz algo que te asuste cada día. Vivir una vida exitosa significa siempre estar dispuesto hacer cosas poco placenteras, tener conversaciones poco placenteras, y desechar lo convencional a lo que la gente se encuentra pegada.

Cuándo veas a un extraño en la calle que te resulte atractivo a quien te gustaría conocer, no seas como la mayoría de las personas que se intimidan muy rápidamente incluso por el hecho de acercarse a esta persona. ¿Por qué no sólo vas y empiezas la conversación?

Lo que más tememos hacer es por lo general la cosa que precisamente deberíamos hacer para hacer que nuestros sueños se vuelvan realidad.

Lo más peligroso que puedes hacer es no hacer nada, y limitarte a esperar y ver.

4. **Aún como empleado, tú puedes vivir la vida de los Nuevos Ricos.**

La vida de los Nuevos Ricos esta mayormente caracterizada de una movilidad ilimitada. Esto significa rendirse a la vida del esclavo de escritorio.

Pero no todos sienten que pueden dar ese paso. La buena noticia es que, incluso como un empleado, tú puedes viajar por el mundo. Tan sólo trata de ganar la máxima libertad dentro de los límites de un corporativos.

¿Cómo logras esto? Primero que todos, debes hacerte lo más indispensable posible. Haz que tu compañía invierta dinero en ti, asiste a entrenamientos y conviértete en un experto que no puedan darse el lujo de perder.

Al momento que tú te has vuelto indispensable, empieza a venderle a tu jefe la idea del trabajo remoto; eso es, trabajando desde casa o desde cualquier otra parte del mundo.

Trata de mantener la transición de trabajar remotamente tan suave como te sea posible, debido a que la mayoría de los gerentes no les gusta esta idea al comienzo. Esto puede significar el sugerirles un período de prueba para comenzar, por ejemplo, tú podrías sugerir que trabajarás de forma remota un día a la semana por un par de semanas, para después reunirte con tu jefe y discutir que tan bien fue.

Durante ese periodo, asegurase de probar que eres mucho más productivo cuando trabajas desde casa. Y deberás serlo, debido a que hay menos distractores en tu casa que en una oficina regular. Ya que no tienes que desperdiciar la mitad de tu día hablando, chateando con colegas, o atendiendo a juntas sin sentido, deberás conseguir hacer mucho más en el mismo período de tiempo que en la oficina.

Después de probar de forma exitosa esto a tu jefe, expande la cantidad de trabajo remoto paso a paso, hasta que un día finalmente, tú no tengas que aparecerte en la oficina nunca más.

5. **Se efectivo, no eficiente: no hagas todo bien, sino que haz las cosas correctas.**

El tiempo no es un buen indicador de la productividad. Pasar mucho tiempo trabajando no significa que tú estás haciendo las cosas correctas o que las estás haciendo de la forma correcta.

En los lugares de trabajo actuales, es difícil medir la productividad de un trabajador de cuello blanco. El tiempo que se pasa en la oficina es el indicador más obvio, por eso es una métrica de uso muy popular. Sin embargo, los empleados solo necesitan aparentar estar ocupados para llenar su día con tareas sin sentido y pasar tanto tiempo como sea posible en la oficina para engañar a sus jefes en la creencia que ellos estás haciendo un buen trabajo.

Los nuevos ricos, por el otro lado, rechazan todas las absurdas y limitantes reglas de los trabajos corporativos. Para ellos, ser productivo significa conseguir lo más posible con la menos cantidad de trabajo posible.

No tiene sentido estar preocupados por la eficiencia, que significa hacer que las cosas se hagan tan rápido como sea posible. Las tareas no importantes siguen siendo no importantes incluso cuando lidias con ellas de forma eficiente. Tu tiempo es mejor invertirlo en las tareas importantes, es decir en ser efectivo. Concentrando solo en las tareas que te acercaran a tus metas personales y sueños.

Para enfocarte en las cosas importantes, usa la regla 80/20. En la mayoría de las situaciones, 20 por ciento del trabajo produce el 80 por ciento de los resultados. El resto del trabajo (la mayoría de lo que hacemos) usualmente tiene muy poco efecto. Por lo tanto, haz buen uso de tu tiempo por medio de concentrarte en las tareas que tienen el impacto más grande.

Si te deshaces de todo lo demás, tú puedes aprovechar el tiempo que ganaste en tareas importantes, pasatiempos placenteros, o ambos.

6. **Tiempo es dinero: deshazte de los ladrones de tiempo y encamínate en una dieta de poca información.**

Muchas de las cosas que las personas hacen durante un día de trabajo regular no tienen el mayor impacto; por lo tanto, el deshacerte de ellas no decrece la calidad de tu trabajo pero te ahorrará tiempo.

Por ejemplo, recopilar información por medio de la lectura de periódicos toma mucho tiempo. Encamínate en una dieta de baja información y concéntrate solo en la pequeña cantidad de información que es realmente relevante a tu trabajo.

Y asegurase que obtengas esta información de la forma más eficiente posible. No pases horas investigando un tema cuando puedes contactar a un experto que responda a las preguntas más complejas incluso rápidamente. Esto ahorra tiempo y usualmente provee mejores resultados.

Durante un día de trabajo normal, tú te vas a encontrar muchos ladrones de tiempo: actividades o personas que harán uso de tu preciado tiempo y que te retribuirá en muy poco, deshazte de ellos. Las juntas por ejemplo, son como agujeros negros donde el tiempo y la energía desaparecen, y en la maroma de los casos son completamente innecesarias de cualquier forma. De hecho, la única vez que una junta es apropiada es cuando una decisión requiere la aprobación de varias personas. Si este es el caso, asegúrate que existe una agenda y un horario definido para mantener a los participantes concentrados en los resultados y detenerlos que divaguen.

Nunca atiendas a reuniones en las que no seas absolutamente indispensable. Si la junta es "exitosa" sin ti, entonces aparentemente podrás evitar futuras juntas también.

Lo mismo pasa con discusiones con colegas. Evítalas, o concéntrate en el punto a discusión. Cuando la gente se acerque a ti, no preguntes, *"¿Cómo estás?"* en lugar de eso *"¿Qué puedo hacer por ti?".* Dile a la gente de directamente "Lo siento, pero sólo tengo 2 minutos, así que vamos directo al punto".

7. **Deshazte de distracciones como email, y haz que otros jueguen acorde a tus reglas.**

Para los nuevos ricos, ser productivo significa alcanzar tanto como sea posible con la menor cantidad de trabajo como sea posible. Esto significa concentrarte en cosas que te acerquen cada vez más en tus metas personales. Si tú quieres saber qué tan importante una tarea es, pregúntate, "Si esta fuera lo única cosa que hiciera hoy, ¿Estarías feliz por lo conseguido este día?

Siempre que tu respuesta sea "sí", haz de esta tarea una prioridad y asegúrate que las tareas de alta prioridad se hagan antes que cualquier otra. En un día de trabajo ideal, tu realizaras todas las tareas importantes antes de la comida.

Nunca empieces tu día revisando tus correos electrónicos. Los correos son ladrones de tiempo, así que asígnales tan poca atención como te sea posible. Si debes revisarlos, hazlo sólo 2 veces al día: Una antes de la comida y otra durante la tarde. Después avanza a leer estos una vez por semana.

Haz que tu nueva política sea conocida: crea una respuesta automática que le diga a las personas que tu tiempo es muy limitado y valioso para gastarlo revisando correos todo el día por lo que tu respuesta podrá demorar algo de tiempo.

Asegúrate que las personas no te estén llamando a cada momento para que les resuelvas cualquier duda que tengan, eso constantemente interrumpe tu concentración. La mayoría de las cosas pueden esperar. Si tienes personas que te dejan mensajes en tu correo electrónico o mensajes de voz, deben saber que sólo lo revisarás una vez que las tareas importantes están terminadas. Sólo cosas realmente urgentes deberían ser la excusa para interrumpirte.

Esto también significa que tú puedes agrupar tareas. Separa un período de tiempo para lidiar con todas las tareas pequeñas que has acumulado en tu lista de tareas en lugar de permitir que estas te interrumpan constantemente cuando estás trabajando en algo importante.

8. **Establece un negocio que genera un ingreso constante y que trabaje sin ti.**

Si tú quieres generar un estilo de vida mientras trabajas pocas horas a la semana, necesitas una fuente de ingreso automático. Esto significa que tienes que hacer que otras personas trabajen para ti y hacer que ellos inviertan su tiempo en lugar de que tengas que invertir el tuyo.

Hoy en día, es relativamente fácil configurar un negocio que pueda correr sin demasiado involucramiento de tu parte. Decide que trabajo es requerido para el negocio para operar suavemente, divídelo de acuerdo con el tipo, y encuentra un experto que maneje cada área. Hoy, la mayoría de las cosas pueden ser subcontratadas. Hay muchas compañías que se especializan en manufacturar productos, enviarlos, o hacer el servicio post venta por mencionar algunos.

Incluso tareas que son complejas y cambiantes también se pueden subcontratar. Asistentes virtuales de la India por ejemplo son regularmente económicos y altamente profesionales.

Ese tipo de asistentes personales pueden hacer casi todo como usualmente lo harías tú. Mientras que la tarea y la meta estén claros como una bola de cristal, ellos lo podrán hacer sin tu ayuda.

El configurar un negocio en la que cada tarea sea subcontratada por un experto, hace que tu involucramiento sea casi completamente innecesario. Para lograr esto, ten 2 cosas en mente:

- Todos deben estar habilitados para comunicarse unos con otros sin que tú seas el intermediario. No hagas de ti el cuello de botella en ninguna parte del proceso.

- Delega responsabilidades: Las personas pueden resolver la mayoría de los problemas sin tu ayuda, si sólo los dejas. Te sorprenderá lo listos que pueden ser las personas una vez que les solicitas que se hagan cargo de ciertas responsabilidades y que hagan sus propias decisiones.

9. **Encuentra un producto y prueba si hay un mercado para este.**

Para crear un ingreso automatizado, lo primero que necesitas es un producto.

Una opción es simplemente revender un producto que ya exista en el mercado. Esto es relativamente fácil, pero las ganancias potenciales muy probablemente sean limitadas.

Por lo tanto, el crear tu propio producto vale la pena. Es mucho más fácil que lo que la mayoría de las personas piensa. Por lo regular sólo toma algunas sesiones de lluvias de ideas para llegar a un postulado interesante.

Antes de escoger un producto y empezar a fabricarlo, necesitas conocer si la base de tu cliente potencial es lo suficientemente grande para que sea exitoso. Tener un producto no es suficiente; necesitas clientes también.

Para probar el mercado, ofrece tu producto hipotético a clientes reales. Una forma de hacer esto es crear una tienda web falsa que haga todo lo que una tienda en línea real haría excepto que después que la gente haga clic en el botón comprar, un mensaje les diga que el producto esta temporalmente agotado. Esto te mostraré cuantas personas están deseosas de comprar tu producto. Asegurase de recopilar los correos electrónicos de estos clientes hipotéticos, de tal forma que puedas contactarlos una vez que el producto esté disponible.

Otra manera de probar tu producto es configurar campañas de publicidad de prueba. Compara diversos anuncios para ver que versiones de tu producto genera la mejor respuesta y que dirijan al prospecto hacer clic en "comprar" más a menudo.

El autor uso este método para encontrar el mejor título para su libro: después de varias opciones, la Jornada Laboral de 4 Horas obtuvo el mayor número de clics.

Como él, nunca deberías empezar a vender un producto sin antes validar si hay clientes para el mismo.

10. **Se Profesional: actúa como uno, y se selectivo respecto a tus clientes.**

No importa qué tipo de producto quieres vender, debes ser creíble a los ojos de tus clientes. Deben confiar en ti en función de que confíen en tu producto.

Los títulos académicos como los doctorados siempre son buenos para crear credibilidad hacia tu persona, pero tú también puedes probar tu experiencia por medio del escrito de artículos sobre temas relacionados con tu producto o bien por medio de seminarios o webinarios relacionados. En otras palabras, Si quieres vender productos de salud, asegurase de convertirte en un gurú de la salud primero.

También, las personas suelen confiar más en compañías grandes que en las pequeñas o individuos. Por lo tanto, siempre trata de hacer que tu compañía aparezca más grande de lo que es. Sin importar si es verdad o no, da a las personas la impresión que están lidiando con una compañía de muchos empleados. Por ejemplo, provee de varios contactos de correo electrónico en tu sitio web. Usa títulos que suenen como mandos medios como "jefe de atención a clientes" para dar la impresión de que hay una jerarquía de varios niveles con muchos empleados en tu compañía.

Después de todo, tú deberías tener como objetivo ser un profesional sólido: siempre actúa como uno y usa estándares altos cuando uses a tus clientes. La Regla 80/20 aplica a los clientes también así como a la productividad: 20 por ciento de los clientes son por lo regular los responsables del 80 por ciento de los ingresos, de igual manera el 20 por ciento ser el responsable del 80 por ciento de los problemas, quejas y estrés.

Encuentra cuáles de tus clientes son responsables de tus ingresos y atiéndeles; mientras tanto deshazte de los clientes que contribuyen a muy poco rendimiento y generan muchos problemas.

11. Ve a lo Selecto, haz una gran promesa y mantenla

Una vez que has encontrado el producto correcto, tú aun debes pensar en varios otros aspectos de tu generador de ingresos automático.

Para vender tu producto, debes ser capaz de prometer a tus clientes grandes beneficios por su uso, y debes mantener esa promesa. Sólo cuando eres capaz de resumir estos beneficios en una oración simple es cuando deberías empezar a venderlo.

Hazlo tan fácil como te sea posible para tus clientes comprar tu producto sin que ellos tengan que tomar un gran número de decisiones primero. Entre más opciones tu cliente tenga, por ejemplo, selección de colores, más tentado estará en cancelar la compra e irse-.

Encontrar clientes rentables por lo general significa escoger un segmento premium. Solicita un precio premium y crea una imagen premium de tal forma que puedas generar mayores márgenes de ganancia y así construir un negocio rentable.

Entre más alta sea la ganancia de tus productos, menos necesitas vender para alcanzar tu ingreso meta, y por lo tanto con menos clientes necesitaras lidiar.

También, las personas que están más deseosas de pagar precios altos son por lo general quienes menos probablemente te causen problemas, quejas o el retorno de tus productos. Si ellos compran premium, ellos probablemente no tienen que mirar cada centavo, así que incluso si el producto no cumple sus expectativas ellos probablemente no se molestaran en regresarlo.

Tú puedes incluso correr el riesgo de ofrecer a estos clientes un reembolso completo con una compensación extra si ellos quieren regresar tu producto. Si escoges los clientes correctos, ellos no tomarán una ventaja injusta de esta oferta; en lugar de eso, ellos confiaran en ti y en tu producto aún más.

Conclusión

En lugar de vivir la vida de 9 a 6 del esclavo de escritorio, únete a los Nuevos Ricos, crea un ingreso automatizado y disfruta una vida plena aquí y ahora.

Consejo

Deja de revisar tus emails en las mañanas y asegúrate que las tareas más importantes queden terminadas para la hora de la comida.

Libro: Pensar Rápido Pensar Despacio

Mentor: Daniel Kahneman

Que Aprenderás: Entender cómo es que trabaja la mente humana

Máxima 7: Mente Sobre Materia.

1. De 2 mentes: como nuestro comportamiento está determinado 2 sistemas diferentes - uno automático y otro considerado.

Hay todo un drama complejo que se gesta en nuestras mentes. Una obra entre 2 personajes principales con sorpresas, dramas y tensiones. Estos 2 personajes son el impulsivo, automático e intuitivo sistema 1, y el pensante, deliberado y calculador sistema 2. Mientras estén actuando uno en contra del otro, sus interacciones determinan como pensamos, hacemos juicios, tomamos decisiones, y actuamos.

El sistema 1 es la parte de nuestro cerebro que opera de forma intuitiva y espontánea, regularmente sin un control consciente. Tú puedes experimentar este sistema por ejemplo cuando estas en el trabajo y de pronto escuchas un ruido muy fuerte e inesperado. ¿Qué haces? Probablemente reacciones de forma involuntaria y automáticamente centres tu atención hacia el sonido. Ese es el sistema 1.

Este sistema es un legado de nuestro pasado evolutivo: Hay ciertas ventajas inherentes al ser capaces de hacer tales acciones y juicios rápidos.

El sistema 2 es lo que pensamos cuando visualizamos la parte de nuestro cerebro responsable de la toma de decisiones individuales, razonamientos y creencias. Lidia con actividades conscientes de la mente tales como el autocontrol, opciones, y una atención mucho más concentrada.

Por ejemplo, imagina que estás viendo a una mujer en el público. Tu mente de forma deliberada se concentra en la tarea de recordar características de la persona y todo lo que te ayude a ubicarla. Esta concentración ayuda a eliminar distracciones potenciales, y difícilmente vas a notar otras personas en la audiencia. si tu mantienes esta atención enfocada, tú podrás ubicarla en cuestión de minutos, en lugar de que si estuvieras distraído o carente de atención. Será muy complicado que la encuentres.

Como te darás cuenta a lo largo de este análisis es la interacción entre estos 2 sistemas lo que determina como nos comportamos.

2. **La mente perezosa: como la pereza puede llevar a errores y afectar nuestra inteligencia.**

Para ver cómo es que este sistema funciona, trata de resolver este famoso problema:

Un bate y una pelota valen $1.1 dólar. El bate cuesta un dólar más que la pelota. ¿Cuánto costó la pelota?

El precio que más fácil viene a nuestra mente es que costo .1 Dólar, es un resultado del intuitivo y automático sistema 1, y... ¡está mal! Toma una segundo y haz el cálculo de nuevo.

¿Ves el error? La respuesta correcta es .05

Lo que sucedió es que tu impulsivo sistema 1 tomo control y automáticamente respondió basándose en la intuición. pero respondió demasiado rápido.

Usualmente, cuando enfrentamos situaciones que no podemos comprender, el sistema 1 llama al sistema 2 para trabajar en el problema, pero en el problema del bate y la pelota, el sistema 1 es engañado. Percibe el problema tan simple que incorrectamente asume que puede manejarlo por su mismo.

El fallo que el problema del bate y la pelota expone representa nuestra pereza mental innata. Cuándo usamos nuestro cerebro, tendemos a usar la menor cantidad de energía posible para cada tarea. Esto se conoce como la ley del mínimo esfuerzo. Porque al revisar la respuesta con el sistema 2 usaríamos más energía, nuestra mente no lo hará cuando piense que puede resolverlo con el sistema 1.

La pereza es desafortunada, porque usar el sistema 2 es un aspecto importante de nuestra inteligencia. Investigaciones muestran como practicar tareas con el sistema 2, como concentrarse y autocontrol pueden llevar a niveles más altos de inteligencia. el problema del bate y la pelota ilustran esto, si nuestras mentes hubieran revisado la solución usando el sistema 2 habrían evitado caer en este error común.

El hecho de ser perezosos y evitar usar el sistema 2, nuestras mentes limitan la fuerza de nuestra inteligencia.

3. Piloto automático: Porque no siempre estamos en control consciente de nuestros pensamientos y acciones.

¿Qué es lo que piensas cuando ves el fragmento de la palabra so_a? Probablemente nada. ¿Que si primero tú consideras la palabra "COMER"? Ahora, Cuando veas de nuevo la palabra SO_A, probablemente la completes como SOPA. Este proceso se le conoce como Informar de antemano. (Juicio predispuesto)

Estamos predispuestos cuando somos expuestos a una palabra, concepto o evento que nos causa o nos lleva a asumir algo relacionado con otras palabras o conceptos. Si hubiéramos visto la palabra beber en lugar de comer la palabra que hubiéramos completado hubiese sido soda.

Este tipo de predisposiciones no sólo afecta la forma en la que pensamos sino también en la que actuamos. Sólo con que la mente sea afectada por medio de escuchar ciertas palabras o conceptos, el cuerpo de igual manera se afectará.

Increíblemente, la predisposición de acciones y pensamientos es completamente inconsciente; lo hacemos sin darnos cuenta.

Lo que la predisposición muestra el final es que sin importar que tanto argumentemos, no siempre estamos en control consciente de nuestras acciones, juicios y opciones. En lugar de eso estamos constantemente predispuestos a ciertos condicionamientos sociales y culturales. Ejemplo el dinero.

La predisposición, como otros elementos sociales, puede influir en pensamientos individuales y por consiguiente opciones, juicios y comportamientos, y eso se refleja de vuelta en la cultura y de forma fuerte afecta el tipo de sociedad en la que todos vivimos.

4. Juicios Rápidos: Como la mente toma opciones rápidas, incluso cuando carece de suficiente información para tomar una decisión racional.

Imagina que conoces a alguien llamado Ben en una fiesta, y encuentras que es alguien con quien es fácil de hablar. Después alguien te pregunta si conoces a alguien que quiera contribuir a su organización de caridad. Y tú piensas en Ben, incluso a sabiendas que lo único que sabes de él, es que se trata de alguien con quien es fácil de hablar.

En otras palabras, te gusta un aspecto de carácter de Ben, y asumes que te gustaría todo sobre él. Regularmente aprobamos o desaprobamos a una persona incluso cuando conocemos muy poco de la misma.

La tendencia de nuestra mente radica en simplificar demasiado las cosas sin la suficiente información que generalmente lleva a juicios erróneos. Esto se le conoce como coherencia emocional exagerada, también conocido como el efecto aro: pensamientos positivos sobre el acercamiento que tuviste con Ben, ocasiona que coloques un aro en Ben, incluso si sabes muy poco sobre él.

Pero esta no es la única manera que nuestras mentes toman atajos al momento de hacer juicios.

También está la confirmación tendenciosa, que es la tendencia que tienen las personas a aceptar la información que respalde sus creencias previas, así como aceptar, cualquier información que este en concordancia con lo que creen.

El efecto aro y la confirmación tendenciosa ambos ocurren debido a que nuestra mente esta hambrienta de hacer juicios rápidos. Pero esto usualmente lleva a errores, porque no siempre tenemos suficiente información para hacer un llamado más preciso. Nuestras mentes se apoyan de sugestiones falsas y de la sobre simplificación para llenar los huecos en la información. llevándonos a tener conclusiones potencialmente erróneas.

Tal como la predisposición, estos fenómenos cognitivos suceden sin nuestra atención consciente y afecta nuestras decisiones, juicios y acciones.

5. Heurística: Como la mente usa los atajos para hacer decisiones rápidas.

Usualmente nos encontramos en situaciones donde tenemos que hacer juicios rápidos. Para ayudarnos hacer esto, nuestras mentes han desarrollado pequeños atajos para ayudarnos a entender nuestros pensamientos. A estos atajos se les conoce como Heurística.

La mayor parte del tiempo, estos procesos son muy útiles, pero el problema es que nuestras mentes tienden a sobre usarlas. Aplicarlas en situaciones para las que no fueron hechos pueden llevarnos a cometer errores. Para tener un mejor entendimiento sobre lo que la Heurística es y que errores pueden suceder, podemos examinar dos de sus muchos tipos: La heurística por substitución y la heurística por disposición.

La heurística por substitución es cuando respondemos una pregunta más simple que la que actualmente se supone debemos responder.

Toma esta pregunta, por ejemplo: "Esta mujer es una candidata para alguacil. Que tan exitosa sería ella al cargo". Nosotros automáticamente sustituimos la pregunta que se supone debemos responder con otra más sencilla, como, ¿"Esta mujer parece alguien que pueda desempeñarse como un buen alguacil"?

Esta heurística significa que en lugar de investigar el trasfondo y las políticas del candidato, nosotros simplemente nos preguntamos a nosotros mismos una pregunta mucho más fácil, si esta mujer cuadra con nuestra imagen de un alguacil, podríamos rechazarla, incluso si ella tiene años de experiencia luchando contra el crimen la que lo haría un candidato ideal.

Siguiente, la heurística de la disponibilidad, que es donde sobre estimamos la probabilidad de algo que escuchamos a menudo o que sea fácil de recordar.

Por ejemplo, los golpes pueden causar muchas más muertes que los accidentes, pero un estudio encontró que el 80 por ciento de los encuestados consideró una muerte accidental más como si se trata del destino. Esto es porque nosotros escuchamos más de muertes accidentales en los medios de comunicación, y debido a que ocasionan una fuerte impresión en nosotros; recordamos muertes accidentales horrorosas más que las muertes repentinas, y es por esto por lo que podemos reaccionar de forma inapropiada antes estos peligros.

6. No hay cabeza para números: porque sufrimos en entender las estadísticas y cometemos errores debido a esto.

¿Cómo puedes hacer predicciones para saber si ciertas cosas van a suceder?

Una forma efectiva es el hecho de mantener la tasa base en mente. Esto se refiere a la estadística base, sobre la que otras estadísticas se apoyan. Por ejemplo, imagina una compañía de taxis que tiene el 20% de taxis amarillos y el 80% son taxis rojos. Esto significa que la tasa base de taxis amarillos es del 20% y la tasa base de taxis rojos es del 80%. Si tu pides un taxi y quieres adivinar el color, recuerda las tasas base y tu harás una predicción bastante acertada.

Por lo que nosotros deberíamos recordar la tasa base cuando haya que predecir un evento, pero desafortunadamente eso no sucede. De hecho, ser negligentes con la tasa base suele ser extremadamente común.

Una de las razones por la que nosotros ignoramos esta tasa base es porque nos concentramos en lo que nosotros esperamos que suceda y no por lo que sea más probable. Por ejemplo imagina de nuevo los taxis: Si tú estuviste viendo pasar 5 taxis rojos, es probable que empieces a sentir que el siguiente en pasar sea amarillo. Pero, sin importar cuantos taxis independientes de su color han pasado, la probabilidad de que el siguiente taxi sea rojo es del 80%, y si nosotros recordamos la tasa base entonces podríamos darnos cuenta de esto, pero si en lugar de eso tendemos a enfocarnos en lo que nosotros esperamos ver, un taxi amarillo, será muy probable que nos equivoquemos.

El ser negligentes con la tasa base es un error común que está conectado con el problema más amplio que se refiere a trabajar con estadísticas. De igual forma solemos batallar con el hecho de recordar que todo regresa a la media.

7. Pasado Imperfecto: Porque recordamos eventos en retrospectiva en lugar de los que vienen de la experiencia.

Nuestras mentes no recuerdan experiencias en una línea directa. Tenemos 2 diferentes aparatos, llamados memoria del yo, y ambos recuerdan situaciones de manera diferente.

Primero, está el yo experimentador, el cuál registra como nos sentimos en el momento presente. Él hace la pregunta: ¿Cómo se siente ahora?

Después estás el yo que recuerda, el cuál registra con el evento completo se reveló después de los hechos. Esta pregunta, ¿Cómo estuvo todo?

El yo experimentador ofrece una cuenta mucho más acertada de lo que ocurrió, debido a que nuestras sensaciones durante una experiencia son siempre más acertadas. Pero el yo que recuerda, el cuál es menos acertado debido a que registra recuerdos después de que una situación está terminada, lo que domina nuestra memoria.

Estas son las 2 razones por la que el yo que recuerda domina sobre el yo experimentador. El primero de estos es llamado durante el momento negligente, donde nosotros ignoramos la duración total del evento en favor de un recuerdo particular partir de ese momento. Lo segundo es la regla del momento clímax, donde solemos sobre simplificar lo que ocurrió al final del evento.

Un ejemplo que nos ayuda a validar esto es el que se refiere al experimento de la colonoscopia. Al final de este se demostró que lo que lo que la gente recordó fue la duración negligente, el momento clímax y nuestros recuerdos fallidos.

8. Mente sobre materia: como ajustar la concentración de nuestras mentes puede dramáticamente afectar nuestros pensamientos y comportamientos.

Nuestras mentes usan diferentes cantidades de energía dependiendo de la tarea. Cuando no hay necesidad de movilizar la atención y poca energía es necesaria, estamos en un estado de comodidad cognitiva. Sin embargo, cuando nuestras mentes deben movilizar la atención, estas usan más energía y entran en un estado de tensión cognitiva.

Estos cambios en los niveles de energía del cerebro tienen efectos dramáticos en la forma de comportarnos.

En un estado de facilidad cognitiva, el intuitivo sistema 1 está a cargo de nuestra mente, y el lógico y más demandante de energía cerebro 2 esta diluido. Esto significa que somos más intuitivos, creativos y felices, pero también estamos más susceptibles de cometer errores.

En un estado de tensión cognitiva, nuestra atención esta elevada, por lo que el Sistema 2 está a cargo. El sistema 2 está más que listo para hacer una doble validación de nuestros juicios con relación al sistema 1, así que a pesar de ser bastante menos creativos, nosotros cometemos una menor cantidad de errores.

Tú puedes conscientemente influir la cantidad de energía que la mente usa para obtener el marco correcto que la mente necesita para desempeñar tareas. Si tú quieres un mensaje para ser persuasivo, por ejemplo, trata de promover el estado de comodidad cognitiva.

Una forma de hacer esto es exponernos nosotros mismos a información repetitiva. Si la información se vuelve más habitual o se hace más memorable esta se hace más persuasiva. Esto se debe a que nuestras mentes han evolucionado para reaccionar de manera positiva cuando es expuesta de forma repetida a los mismos mensajes claros.

Cuándo vemos algo que nos resulta familiar, entramos en un estado de comodidad cognitiva.

La tensión cognitiva por el otro lado nos ayuda a tener éxito en cosas como los problemas estadísticos.

Podemos entrar en este estado al exponernos a información que se nos presenta de forma confusa, por ejemplo un texto con una escritura difícil de entender. Nuestras mentes se reaniman e incrementan sus niveles de energía en un esfuerzo por comprender el problema, y de esta manera estamos menos predispuestos a simplemente darnos por vencidos.

9. **Tomar riesgos: La forma en la que las probabilidades se nos muestran afectan nuestros juicios sobre el riesgo.**

La forma en la que nosotros juzgamos las cosas y el acercamiento que tenemos hacia los problemas está determinado en su mayoría por la forma en la que estos han sido expresados a nosotros. Pequeños cambios en los detalles o el enfoque en una declaración determinada o en una pregunta puede dramáticamente alterar la forma en la que nos conducimos sobre los mismos.

Un gran ejemplo de esto puede ser encontrado en cómo es que manejamos el riesgo.

Puedes pensar que una vez que determines probabilidad que un riesgo ocurra, todo mundo se conducirá de la misma forma. Pero, este no es el caso. Aún para probabilidades cuidadosamente calculadas, sólo cambiando la forma en la que la cantidad es expresada puede cambiar la forma de manejarlo.

Por ejemplo, las personas consideraran un evento raro como algo que más fácil pueda ocurrir si es expresado en términos de frecuencia relativa en lugar de probabilidad estadística.

Es lo que se conoce como el experimento Sr. Jones. donde 2 grupos de psiquiatras profesionales se les consultó si era seguro retirar al Sr. Jones del hospital psiquiátrico. Al primer grupo se le dijo que un paciente como el sr Jones tenía una probabilidad del 10% de cometer actos de violencia, y al segundo grupo se le dijo que de cada 100 pacientes similares al Sr. jones, 10 de estos estaban estimados que podían cometer un acto de violencia. De los 2 grupos, casi el doble de los que respondieron del segundo grupo denegó que se le retirará del hospital.

Otra forma en la que nuestra atención es distraída sobre lo que es estadísticamente relevante es llamado el denominador negligente. Esto ocurre cuando ignoramos estadísticas claras en favor de imágenes mentales vividas que influencian nuestras decisiones.

Toma estas 2 declaraciones: "Esta droga protege a los niños de la enfermedad X pero tiene .001% de probabilidad de desfiguración permanente" contra "uno de cada 100,000 niños que tome esta droga será desfigurado de forma permanente". Aun sabiendo que ambas declaraciones son iguales. La última declaración trae a la mente un niño desfigurado y es mucho más impactante e influyente, lo que hará que sea mucho menos probable que se administre dicha droga.

10. No somos Robots: Porque no tomamos decisiones basadas puramente en nuestro pensamiento racional sino que solemos hacerlo por factores emocionales.

¿Cómo es que nosotros como individuos tomamos decisiones?

Por mucho tiempo, un grupo poderoso e influyente de economistas sugirieron que nosotros tomamos decisiones basadas puramente en nuestro argumento racional. Ellos argumentaron que todos nosotros tomamos decisiones de acuerdo con la teoría de la habilidad, que define que cuando los individuos toman decisiones, ellos se fijan solo en los hechos racionales y escogen la opción con el mejor resultado posible para ellos, es decir la máxima utilidad.

Sin embargo esto, extrañamente sucede. Entonces si la teoría de la utilidad no funciona... ¿Qué si lo hace?

Una teoría es la teoría del prospecto, la cual fue desarrollada por el autor.

La teoría del prospecto Kahneman reta la teoría de la utilidad que muestra que al momento de tomar decisiones, no siempre actuamos en la forma más racional posible.

Imagina 2 escenarios: en el primero te dan 1000 dólares y debes escoger entre quedarte con 500 dólares seguros o tomar la opción con un 50% de probabilidad de ganar otros 1000 dólares adicionales. En el segundo escenario te dan 2000 dólares y entonces debes elegir entre perder 500 dólares seguros o tomar el riesgo con un 50% de probabilidad de perder 1000.

Si nosotros hiciéramos puras decisiones racionales, entonces haríamos la misma decisión en ambos escenarios. Pero este no es el caso. En la primera opción, la mayoría de las personas escogen la apuesta segura, mientras que en el segundo caso, la mayoría de las personas toman la apuesta.

La teoría del prospecto ayuda a explicar por qué sucede esto. Remarca al menos dos razones del porque no siempre actuamos racionalmente. En ambos se remarca la aversión a perder, el hecho que tememos más perder que nuestro deseo de ganar.

La primera razón es que valoramos cosas a partir de puntos de referencia. Empezar con 1000 o 2000 en los 2 escenarios cambia si queremos apostar, ya que el punto de entrada afecta como valoramos nuestra posición. El punto de entrada en el primer escenario es 1000 y 2000 en el segundo, lo que significa que terminar con 1500 se siente como una ganancia en el primero, pero como una gran pérdida en el segundo. sin embargo nuestro razonamiento aquí es claramente irracional, nosotros entendemos el valor tanto por nuestro punto de entrada así como nuestro valor objetivo actual en el momento.

Segunda razón, somos influenciados por el principio de la sensibilidad reductora: el valor que nosotros percibimos puede ser distinto sobre su valor actual. Por ejemplo, ir de 1000 a 900 no se siente tan mal como ir de 200 a 100, a pesar de que el valor monetario de ambas perdidas es igual. Es por esto por lo que la pérdida de valor percibido cuando va de 1500 a 1000 es mayor que el que va de 2000 a 1500.

11. Imágenes Falsas: Porque la mente construye imágenes completas para explicar el mundo, pero estas tienden a obviar demasiado y a los errores.

En función de entender situaciones, nuestras mentes naturalmente usan la coherencia cognitiva; nosotros construimos imágenes mentales completas para explicar ideas y conceptos. Por ejemplo, nosotros tenemos muchas imágenes en nuestra mente sobre el clima. Tenemos una imagen para decir clima de verano, la cual sería una imagen de un sol caliente y brillante que nos bañe con su calor.

Mientras nos ayuden a nosotros a entender cosas, también nos apoyamos de estas imágenes al momento de tomar decisiones.

Cuando tomamos decisiones, nos referimos a estas imágenes y construimos nuestras suposiciones y conclusiones basadas en ellas. Por ejemplo, si queremos saber que ropa usar en verano, basamos nuestras decisiones en nuestra imagen del clima de la temporada.

El problema es cuándo ponemos demasiada confianza en estas imágenes. Incluso cuando las estadísticas disponibles y los datos difieren sobre nuestras imágenes mentales, nosotros seguimos permitiendo que las imágenes nos guíen. Puede ser que el pronóstico del tiempo sea nublado y con tormenta pero como es verano, salimos en shorts y no nos importa aunque después estemos congelándonos afuera.

Nosotros en resumen confiamos masivamente en nuestras imágenes mentales por default, Pero siempre hay maneras de sobreponerse a este exceso de confianza y empezar hacer mejores predicciones.

Conclusión

Pensar Rápido, Pensar Despacio nos muestra como nuestras mentes contienen 2 sistemas. El primero actúa instintivamente y requiere poco esfuerzo; el segundo es más deliberado y requiere mucha más de nuestra atención. Nuestros pensamientos y acciones varían dependiendo sobre cuál de los 2 sistemas está en control de nuestro cerebro en un momento determinado.

Consejo

Repite el mensaje.

Libro: Despertando al Gigante Interior

Mentor: Anthony Robbins

Que Aprenderás: Descubrir como tomar el control de tu vida y vivirla acorde a tu potencial

Máxima 8: Para encontrar la solución a cualquier problema, haz las preguntas correctas.

1. **Para cambiar tu vida, concéntrate en hacer y comprometerte en las decisiones correctas.**

¿Cuándo fue la última vez que pensaste en cambiar tu vida?

Quizá fue en año nuevo cuando resolviste dejar de fumar. O quizá tu querías perder peso y consideraste seriamente entrar en una nueva dieta.

Pero ¿Realmente hiciste la gestión necesaria para llevar esos cambios a tu vida?

Si no, el problema fue seguramente en como remarcaste tu deseo para cambiar: "Me gustaría dejar de comer comida chatarra" en lugar de "Empezaré a comer más sano."

Para cambiar cualquier cosa en tu vida, primero debes generar una decisión clara es decir un porque real. Entonces, no importa que retos puedas enfrentar, tienes que permanecer firme a esa decisión.

Esto requiere que tú estés dispuesto adaptar tu enfoque en la medida que vayas enfrentando los obstáculos.

Toma, por ejemplo el caso de Yoichiro Honda, fundador de la corporación Honda. Cuando era estudiante, él decidió que quería crear anillos de pistones más efectivos para los automóviles. La historia nos muestra que él tuvo éxito en su meta, sin embargo en su camino hacia el éxito él encontró muchos problemas que pudieron haberlo detenido en su trayecto.

Por ejemplo, durante la segunda guerra mundial, el gobierno japonés no le proveería a Honda con el concreto que él necesitaba para construir las fabricas con las que iba a manufacturar su producto.

¿Cómo fue que se sobrepuso al obstáculo?

La solución de honda fue inventar su propia forma de generar concreto, esto le permitió a él comenzar a construir su imperio.

Y sabiendo que el hecho de comprometerte con decisiones más grandes puede ser difícil, la realidad es que entra más lo hagas, más fácil se vuelve. Así que, cuándo falles en tu intento por cambiar tu vida, créeme eso es algo inevitable que sucederá algunas veces, no te desalientes. En lugar de eso, piensa en lo que pudiste haber aprendido de dicho fracaso.

Por ejemplo, los fumadores raramente tienen éxito en su primer intento por dejarlo. Pero si ellos usan ese fracaso como una oportunidad para detectar obstáculos para dejarlo (Por ejemplo la tentación de fumar es demasiado fuerte alrededor de otros fumadores), y como ellos deberían sobreponerse a tales obstáculos en el futuro (aléjate de lugares donde residan los fumadores), entonces les será más fácil cumplir su meta.

2. Haz nuevos hábitos por medio de asociar aquellos que no quieres con dolor y los que deseados con placer.

Hemos visto que para cumplir nuestra meta y generar un cambio nosotros debemos comprometernos con nuestras decisiones. Pero incluso con las mejores intenciones, cambiar nuestro comportamiento establecido puede ser algunas veces extremadamente difícil.

¿Por qué? Debido a que todo lo que hacemos está en servicio ya sea de obtener placer o evitar dolor.

Una vez que te haces consciente de esta dinámica, puedes empezar a usar a tu favor. Entonces, si quieres romper un hábito en particular, un método efectivo de hacerlo es el de asociar ese comportamiento con dolor.

Digamos que quieres dejar de comer chocolate. Una forma de lograr esa meta sería conectar el comer chocolate con una angustia mental.

Tú podrías por ejemplo decidir una regla que en el momento que tú te comas un chocolate tú tienes que cantar una canción que detestes. Pronto tu cerebro asociará el acto de comer chocolate con la sensación incómoda que tienes al momento de cantar esa canción. Pero recuerda: necesitas comprometerte con tu decisión, así que tienes que cantar fuerte aun cuando comas pastel de chocolate en una fiesta o celebración.

Sin embargo, para asegurarte de cambiar tu comportamiento en el largo plazo, es crucial que tú encuentres un nuevo y más deseable hábito que te dé una cantidad igual de placer respecto al viejo hábito que quieres eliminar.

Por ejemplo, si renuncias al chocolate, pronto serás capaz de ponerte esos pantalones que tanto te gustaban y que no te quedaban.

Esta técnica ha sido probada una y otra vez en casos extremos, donde las personas que lograron encontrar una alternativa al viejo hábito eran mucho menos propensas de recaer.

3. Para cambiar quién eres, cambia tus creencias.

Imagina a 2 personas que acaban de cumplir 60. Uno de ellos puede pensar que su vida se acerca a su final, donde sus mejores años se han ido. La otra sin embargo, realmente podría estar muy entusiasmada de todo lo que aún está por venir.

¿Qué es lo que hace que sobre la misma situación existan 2 puntos de vista tan distintos?

La manera en la que nosotros vemos al mundo y a nosotros mismos esta moldeada por nuestras creencias.

Pero ¿Exactamente qué es una creencia?

Una creencia es una idea respaldada por evidencia.

Para la mayoría de nosotros, cualquier evento en nuestras vidas puede actuar como una referencia e informar a nuestras creencias. Desafortunadamente, esto también aplica a cualquier cosa mala que sucede. Por ejemplo si tu pierdes a un ser querido, muchas personas usan esto para respaldar su creencia de que la vida es terrible.

Pero no debemos pensar de esa manera: Si nos administramos para interpretar la referencia más positivamente, podemos dirigir nuestras vidas de una manera más optimista. Entonces, si estas en duelo, puedes usar esa experiencia como un recurso para convertirte en una persona más fuerte.

Como sugiere este punto, para generar un cambio en tu vida, primero debes cambiar tus creencias.

El problema, sin embargo, es que muchos de nosotros tendemos a tener ya creencias muy fuertes que nos detienen de cualquier cambio.

Las creencias habituales, como cualquier hábito, pueden romperse. Como con cualquier otro hábito, para cambiar una creencia existente, necesitas asociar dolor con el viejo hábito y placer con el nuevo.

Una forma sencilla de alcanzar eso es encontrar un modelo a seguir que ya haya tenido éxito en cambiar sus creencias, y adaptar su forma de hacer las cosas hacia tus propios propósitos.

4. Cambiar tu vocabulario puede cambiar tus actitudes y emociones

¿Sabías que el idioma inglés hay aproximadamente 3000 palabras que describen emociones?

Lo sorprendente, sin embargo, es que hay cerca del doble de palabras para las emociones negativas que para las positivas, lo cuál podría ser la razón por la que muchas personas tienden a experimentar emociones negativas con más frecuencia.

Es por esto por lo que es crucial que prestes atención a las palabras que usas en tu vida diaria, ya que estas le darán forma a tu pensamiento y a tu percepción.

Para pensar diferente sobre una situación, tienes que describirla de forma diferente.

Describir lo que usualmente experimentamos como una situación frustrante en palabras más neutrales pueden frenarte de entrar en un estado emocional aún más negativo.

Este punto entra a la base sobre lo que el autor llama vocabulario transformacional: las palabras que empleamos para describir nuestra experiencia del mundo es lo que actualmente define dicha experiencia.

Entonces, ¿de qué manera puedes cambiar tu vocabulario para que te ayude a manejar tus emociones?

El secreto radica en usar palabras fuertes para emociones positivas y palabras más débiles para las negativas. por ejemplo, en lugar de decir que estás feliz, tú podrías usar una descripción más fuerte como "estoy totalmente bendecido". O si estás en el punto preciso de experimentar emociones negativas, deberías describir tu experiencia con palabras y frases menos intensas, como "Estoy un poco inquieto" en lugar de "Estoy extremadamente preocupado"

Un consejo final: Trata de usar palabras inusuales para expresar emociones negativas. Hacer esto es probable que te divierta, y casi de forma instantánea aligerará tu estado de humor - Incluso encantará a los que están a tu alrededor -. Por ejemplo, cuando estés extremadamente irritado, podrías decir: *"Debo decir, me siento un poco exasperado"*. Esta palabra poco común, tiene un estilo clásico, gentil que puede mejorar casi instantáneamente tu humor.

5. Para encontrar la mejor solución a cualquier problema, haz las preguntas correctas.

Como has aprendido, cambiar tu vida requiere cambiar la manera de pensar. Ahora iremos un poco más profundo, ¿exactamente qué es pensar?

En términos básicos, nuestros pensamientos son una serie de preguntas y respuestas. Es por esto, que las preguntas que nos hacemos determinan la manera en la que pensamos, lo que significa que estás preguntas son esenciales para nuestra experiencia de vida.

Esto nos lleva a la base que la calidad de nuestras preguntas tiene un impacto masivo en la calidad de nuestras vidas. Cada vez que haces una pregunta, su calidad determinará el enfoque de tus pensamientos. Si tú haces una pregunta negativa, tu tendrás una respuesta negativa; haz una pregunta positiva, y tendrás una respuesta positiva.

Por ejemplo, si tú repetidamente te encuentras en una situación que te resulta incómoda, preguntándote a ti mismo, "¿Por qué esto siempre me pasa a mí?" instantáneamente enfocará tus pensamientos en los fallos o fracasos de tu vida. ¿El resultado? Tu estado de ánimo se hundirá, y tu experiencia de la vida se remarcará en base a esta negatividad.

Es por eso, que es crucial que independientemente del problema que enfrentes, tú te hagas las preguntas correctas.

Es más fácil decirlo que hacerlo. Tendemos a sentirnos saturados en situaciones difíciles, por lo que regularmente nos hacemos las preguntas equivocadas, por ejemplo, ¿Porque a mí?, y entonces ser desalentados por las respuestas.

La solución es llegar con una lista de preguntas previas. Hazte el hábito de hacerte preguntas como: "¿Qué es lo bueno de esta situación? o ¿Qué puedo hacer para disfrutar el proceso de resolver este problema?"

Hacerte este tipo de preguntas en una situación complicada elevará tu estado de ánimo y habilitará el hecho de encontrar una solución efectiva a dicho problema, o al menos lidiar mejor con las consecuencias.

Si tu realmente quieres crear una actitud positiva general en tu vida, puedes ir más allá y cada mañana hacerte preguntas que te empoderen. Por ejemplo, podrías preguntar "¿Qué es lo que bueno que hay en mi vida?" o ¿De qué logros me siento orgulloso?

Consiguiendo un excelente estado de ánimo cada día, gradualmente te será más fácil acceder a ese estado positivo durante el día también, dando como resultado una mejor y más exitosa vida.

6. Descubre tus propios valores de vida para validar si estás viviendo a tú máximo potencial

¿Puedes decir con certeza cuales son los valores más importantes en tu vida? ¿Es amor?, ¿Es tu salud?

Si no estás seguro, tú deberías encaminarte a descubrirlo, tal como las personas más exitosas y felices que son aquellas quienes entienden sus propios valores y viven acorde a los mismos.

Así que si no te sientes completo en tu vida pero no sabes exactamente porque se deba esto, podría deberse a que no estás viviendo acorde con tus valores y creencias.

Por ejemplo, el caso de las personas que reciben una nueva oportunidad de trabajo.

Haz tiempo para reflexionar en ello y lista los valores más importantes en orden de prioridad, y define las razones para incluir estos valores. Al hacer esta lista, posiblemente notes que alguno de los valores que sostienes no encajan bien para completar tus metas.

Quizás tú valor principal en la vida sea la pasión - todo lo que haces, lo haces con mucha pasión. Pero, como lo reflejaste en tu lista de valores y metas, pudiste haberte dado cuenta que enfocarte en todo con pasión le causa sufrimiento a tu salud. Este es un valor que no se ajusta, debido a que no te hace sentir bien, lo que no te permitirá concentrarte en las cosas con esa pasión.

La solución aquí es cambiar tus valores. Podrías decidir de ahora en adelante, priorizar tu salud sobre tu pasión. Por medio de poner tu salud primero tú serás capaz de ser apasionado sin esos reveses que te hacen sentir mal.

7. Aparece con las reglas que te hacen feliz, y diles a los demás sobre ellas.

Todos nosotros tenemos reglas que seguimos en nuestras vidas. Estas reglas, como, "Yo seré feliz una vez que me coma ese chocolate", juega un gran rol en determinar tanto nuestras acciones y como nos sentimos debido a que estas deciden que nos hará y que no nos hará felices.

Sin embargo, tales reglas pueden de hecho limitar nuestra experiencia, y nuestras posibilidades de alcanzar la verdadera felicidad.

Piensa sobre ti mismo un momento: ¿Qué necesitas que te pase para ser feliz?, ¿Necesitas ganarte la lotería?, ¿Necesitas que la gente te aprecie y te reconozca más?

Puede ser que estés en lo correcto sobre que tales cosas te traerían felicidad, la realidad es que están más allá de tu control. Es por esta razón que es importante que establezcas reglas de vida que estén en tu control.

Debido a que muchas de nuestras reglas son dependientes de las acciones de otras personas, estamos propensos a molestarnos o frustrarnos cuando estas personas actúan de una forma que no se ajusta a nuestras reglas. De hecho, si estás molesto con alguien, es porque esa persona inconscientemente está cambiando tus reglas.

Pero no puedes esperar que tus reglas personales sean las mismas que las del resto de las personas. Entonces, si tú quieres una existencia feliz, es crucial que comuniques tus reglas y asegures que los demás conozcan lo que es importante para ti.

El ejemplo de la amistad, tú tienes tu mejor amigo y en tu concepto de amistad ustedes se tienen que llamar a menudo, pero tu amigo nunca te llama, por lo que piensas que esa amistad no es sólida.

Sin embargo tu amigo tiene un concepto diferente de la amistad, donde para ella se trata de estar en los momentos de crisis y no en llamarte cada semana.

Pero, por medio de comunicar tus reglas sobre la amistad, tu amigo puede entender por qué puedes estar molesto con ella y sobre esa base los 2 pueden establecer una sólida base sobre su relación.

8. Por medio de entender que está detrás de tus emociones, tú puedes ganar control sobre ellas.

Hemos visto que siendo menos riguroso sobre tus propias reglas, puedes decidir que te hará feliz. Pero no es sólo felicidad sobre en lo que puedes ganar maestría, puedes, de hecho, escoger todo tu rango de emociones.

Pero en función de ganar ese control, necesitamos primero identificar nuestras verdaderas emociones.

Tendemos a fácilmente abrumarnos por nuestras emociones negativas, usualmente debido a que las generalizamos o fallamos en identificarlas correctamente. Por ejemplo puedes sentirte molesto o enojado sobre algo, pero, si tú reflejas la verdadera causa de tu dolor emocional, podrás darte cuenta de que hay algo más detrás de ese enojo, quizá estes exhausto o harto por algo.

Tan pronto como identifiques esta causa, puedes usar el vocabulario transformacional (influenciando tus emociones por medio de describirlas de forma diferente) y expresar ese hartazgo diciendo "Me siento un poco desanimado" Esto mitigará cualquier negatividad que sientas, y hacer que las emociones sean más fáciles de manejar.

Pero entender la causa de una emoción particular es sólo el primer paso. El siguiente en reto aún mayor: debes tomar acción para lidiar con la emoción y cambiar lo que sea que la esté causando.

Entonces, si tú identificas exitosamente la causa de tu emoción negativa como sentirte solo digamos, puedes empezar a buscar las razones de esa soledad. Por ejemplo, puede ser tú no hayas estado en contacto con ninguno de tus amigos últimamente. Si ese fuera el caso, la solución es clara: toma acción y llámales.

Algunas veces, sin embargo, sentirías que no puedes lidiar con una emoción particular. Cuando eso sucede, trata de recordar un momento donde lidiaste exitosamente con la misma. Hacer esto te dará confianza en tu habilidad para manejar sensaciones difíciles, debido a que tú lidiaste con ellos antes, y ciertamente puedes hacerlo de nuevo.

9. Contribuye a la sociedad para descubrir lo que puedes conseguir como individuo

En los puntos anteriores discutimos como tener control de tu vida, alcanzar el éxito y encontrar la felicidad. En este punto, sin embargo, puedes estar pensando que no importa el cambio que puedas hacer en tu vida personal, nunca vas a tener el poder de cambiar algo en la sociedad.

Afortunadamente, este no es el caso, incluso las decisiones más pequeñas que hagas en tu vida pueden generar una influencia social mayor.

Mientras que la mayoría de las personas piensan que ellos no son los suficiente influyentes para generar tal cambio, y por consiguiente ni siquiera lo intentan, la verdad es que las decisiones las cuales son claves para cambiar tu vida también son claves para transformar la sociedad.

Esto es algo como el efecto mariposa.

Hay otra manera también para generar un cambio social positivo. una base fundamental, ahora que has aprendido como controlar y ajustar tus emociones, tú podrías empezar a ayudar a otros con las suyas.

Conclusión

Incluso decisiones y cambios pequeños en nuestro comportamiento pueden tener una gran influencia en como vives tanto tu propia vida como en la sociedad en general.

Consejo

Comparte tu meta o anhelo con los demás, eso generará una presión extra que te impulsará a dar un mayor esfuerzo para concretarlo.

Libro: Como un Hombre Piensa Así es Su Vida

Mentor: James Allen

Que Aprenderás: Como volverte consciente de tu poder y tomar la responsabilidad de tu vida.

Máxima 9: Piensa en Grande

1. **Por medio de cambiar nuestros pensamientos, podemos cambiar nuestras vidas.**

¿Alguna vez te has sentado a pensar qué es lo que hace que los humanos seamos lo que somos? Es una pregunta sin una respuesta precisa, sin embargo aquí hay una pista para empezar: El hombre es la suma de sus pensamientos.

Así como las plantas florecen a partir de semillas diminutas, cada acción que hacemos proviene no de otra cosa sino de nuestros pensamientos. De estas acciones es que los patrones de conducta emergen, en respuesta son estos patrones los que constituyen nuestro carácter. Nuestro carácter o personalidad comienza con nuestros pensamientos. Pero ¿por qué es que esto se vuelve importante?

Bien, en términos prácticos, ¿Alguna vez has conocido a alguien que pareciera siempre darse por vencido en sus proyectos o en sus relaciones, y que al mismo tiempo tuviera una actitud muy pesimista de las cosas? Adivina: Estas 2 cosas - Actitud y Acción - están estrechamente relacionadas. Aquellos que no logran las cosas tienden a decepcionarse de ellos mismos porque ellos cuentan muy poco consigo mismos para empezar. Problemas de actitud por lo regular generan una bola de nieve que tienen consecuencias severas. Sin embargo, Hay una solución muy simple.

Si nuestros pensamientos forman nuestro carácter, es sólo cuestión de lógica que cambiando nuestros pensamientos cambiará nuestro carácter también. Por medio de cambiar la naturaleza de nuestros pensamientos, las personas pesimistas muy probablemente encuentren que tienen un poquito más de razones para sonreír.

Cualquiera que tenga como objetivo dominar sus pensamientos podrá hacer mucho más que eliminar solo ese carácter negativo. Por medio de trabajar en sus pensamientos de la manera correcta, un individuo puede llegar a obtener lo que el autor denomina la Perfección Divina. En otras palabras, por medio de eliminar pensamientos malos o inútiles, una persona puede traer alegría, fortaleza, paz, y sabiduría a su vida.

Estos son algunos de los beneficios, así que ¿Por qué no empezar a dominar nuestros pensamientos hoy? La alternativa a esto, después de todo, no es nada buena. El hecho de no saber manejar tus pensamientos puede convertirse en tu mayor obstáculo; actitudes negativas literalmente tienen el poder de destruir cosas que disfrutas y amas.

2. El mundo en el que vivimos no sólo nos forma, sino que nosotros le damos forma también.

¿Alguna vez has fallado miserablemente en algo y has culpado al clima, a esa llamada telefónica desagradable que tuviste con un ser querido, o alguna experiencia difícil que tuviste en tu niñez? Culpar al fracaso por los factores externos es algo de lo que todos somos culpables. Nos hace sentir mejor, pero solo nos hace retroceder.

Nuestras circunstancias - esto es, todos los factores externos que impactan nuestras vidas - están estrechamente ligadas a nuestro carácter. Pero no están ligadas de la manera en la que podrías asumir. Es demasiado fácil pensar que nuestra experiencia y condiciones de vida son las que nos forman, pero la verdad es: **nosotros le damos forma a nuestro mundo tanto como este no da forma a nosotros.**

En lugar de ser un mero producto de las circunstancias, nuestro carácter tiene una influencia considerable sobre el tipo de situaciones en las que terminamos inmersos.

Así que, si tú terminas en la cárcel, no se debe a causa del mundo externo o porque el destino te llevo ahí. En lugar de eso, los pensamientos y actitudes que tuviste sobre el mundo exterior te guiaron a la situación desde estas inmerso con el problema ahora.

Por supuesto, no siempre es claro sobre si es el carácter o las circunstancias lo que ejerce mayor influencia en una situación determinada. Todos conocemos estas personas que tienen un corazón de oro, y aun así enfrentan una terrible adversidad. También conocemos muchos avaros, personas deshonestas con vidas muy satisfactorias, rodeados de riqueza y admiradores.

Esto significa que deducir el carácter de alguien basado en las circunstancias es imposible. De igual manera, nosotros no podemos predecir las circunstancias con las que alguien terminará solo examinando su carácter. Muchas personas que están en prisión tienen características poco placenteras, pero hay algunos que tienen rasgos admirables también.

3. Trabaja en conseguir mejor salud y otras metas por medio de cultivar pensamientos positivos.

Algunos de nosotros envejecemos con gracia, mientras otros, simplemente no. Los malos hábitos, la falta de acceso al sistema de salud y la genética siempre juegan un rol importante. Pero hay un factor que frecuentemente solemos olvidar: nuestra actitud.

Nosotros ya hemos visto la influencia poderosa que nuestros pensamientos tienen tanto en nuestro carácter y en las condiciones que enfrentamos. No debería sorprendernos entonces que nuestros pensamientos impactan nuestro cuerpo también. Pensamientos infelices tienen muchos efectos secundarios como: presión arterial alta, taquicardia, un sueño pobre, dolores de cabeza, y si, arrugas en todo el ceño.

Por el otro lado, tener pensamientos de alegría, gratitud y energía son los suficientemente poderosos para hacernos sentir bien, y ¡más jóvenes también! Así que si quieres sentirte mejor respecto a tu cuerpo, trata de dirigir tus pensamientos hacia aquello que te hace sentir mejor.

Dirigir o canalizar tus pensamientos es crucial si tú quieres alcanzar cualquier tipo de objetivo, ya sea que quieras alcanzar un nivel más alto en tu trabajo, en tus relaciones o en tu práctica espiritual, no será posible hasta que enfoques tus pensamientos en esa meta.

Esto significa que dejes ir todos los pensamientos que te distraen de tus metas. Si notas que cierto tipo de pensamiento negativo aparece en tu camino hacia ese objetivo, digamos, haciéndote sentir temeroso, pesimista o con incertidumbre, se tiene que ir. No es algo fácil al comienzo. Pero tu mente es como un músculo; con práctica, puedes entrenar a tu mente para pensar de forma más eficiente, positiva y con propósito.

4. Nosotros somos los únicos responsables de nuestra habilidad para tener éxito, así que sueña en grande.

En el segundo punto aprendimos que los factores externos no están ahí para ser los culpables de la forma en la que somos o por lo errores que hemos cometido. Esto posiblemente se vea como una gran carga, sin embargo ¿Nosotros solamente los culpamos por nuestros fracasos?

Esto no se ve como una actitud que ayude mucho, así que cambiemos la perspectiva. Si nosotros pensamos que somos víctimas, estamos atados a actuar y sentirnos como víctimas, y continuaremos estando oprimidos. Sin embargo, si no nos permitimos sentirnos como víctimas, será difícil que otros puedan hacernos sentir así. Es por eso, que es crucial que entendamos que nuestra habilidad para ser libres radica y está en nuestras manos.

Sin importar la circunstancia que enfrentemos, deberíamos permanecer acorde a nuestros valores e ideales.

Nuestras mayores aspiraciones - nuestros sueños - es lo que nos provee del ímpetu para convertir nuestras metas en logros. Es por eso por lo que es tan importante mantener a los soñadores alrededor, y mantener tus sueños vivos, también.

Sin poetas, pintores y compositores, nuestro mundo no sería ese lugar tan excitante que es. El soñar también nos permite descubrir nuevos mundos. Colón, después de todo, soñó con un nuevo mundo. Sin este sueño él nunca se hubiera embarcado en sus travesías.

Si dominas tus pensamientos, del mismo modo que si cambias tu carácter y tus circunstancias para lo mejor, si diriges tus pensamientos sobre todo aquello que deseas conseguir, si abres tus pensamientos a los sueños que te inspiran - entonces descubrirás que la vida en si misma tiene una nueva cualidad: la serenidad -.

Una forma de ser donde predomina la serenidad es la marca de alguien que ha aprendido a vivir (vivir bien) con sus pensamientos. Toma tiempo llegar ahí, pero no hay duda de que vale la pena.

Conclusión

El pensar es la llave de nuestra vida. Nuestros caracteres, nuestra habilidad para lograr las cosas, las circunstancias que enfrentamos e incluso nuestra salud física se van moldeando por los pensamientos que tenemos. Por medio de aprender a cambiar nuestros pensamientos hacia lo mejor, podremos cambiar nuestras vidas también.

Consejo

Empieza a limpiar tu mente delos malos pensamientos, tu mente es un jardín quítale la mala hierba.

Libro: Obsesiónate o se del Promedio

Mentor: Grant Cardone

Que Aprenderás: La importancia de no conformarse nunca con el segundo lugar ni en la vida ni en los negocios.

Máxima 10: Abraza Tus Miedos

1. **Vuélvete obsesionado, y tú podrás tener energía y balance en tu vida.**

De vez en cuando hay un momento cuando estás en tu trabajo y te sientes sin energía. Cuando estás en el límite de agotarte, tienes 2 opciones: puedes tomarte un tiempo libre o puedes volverte obsesionado.

La persona promedio probablemente tome la primera opción, pero esto no te ayudará llegar a donde quieres ir. Si quieres alcanzar el siguiente nivel tienes que obsesionarte y siempre empujarte hacia tus metas. Cuando eso sucede, encontrarás que estás generando energía, no agotándola.

Sin embargo, si te sientes exhausto, revisa dentro de ti mismo y reafirma tu propósito. Quizá te desviaste del camino.

Cuándo el autor llego a los 40 años, el comenzó a sentirse cansado y estresado. Él se dio cuenta que estaba constantemente cruzando los USA para dar una plática tras otra. En días que eran festivos en USA, el agendaba una plática en Canadá, y ya no era inusual para el despertarse y no saber en qué ciudad se encontraba.

De pronto Cardone se dio cuenta que todos los viajes y platicas lo habían distraído de su verdadera obsesión. Él no había empezado todo para ser conferencista; él quería ser el vendedor más grande del mundo.

Después de escribir en papel su propósito y de reenfocar las metas de su vida, inmediatamente se sintió rejuvenecido.

Muchas personas piensan que el hecho de volverte un obsesionado lleva a una vida fuera de balance, pero el autor ha encontrado que la obsesión es la clave tanto para desbloquear el potencial de energía y alcanzar un balance real.

Una vida balanceada no se refiere a tomarse toneladas de tiempo libre para relajarse y salir. Sino que se refiere a tener la carrera y el dinero que deseas, así como la salud, una vida familiar feliz y una Fe fuerte. Y para esto, necesitas trabajar duro cada simple momento, lo que significa necesitas la pasión que viene de la obsesión.

Con esta energía podrás obtener lo mejor de cada segundo, como combinar tiempo familiar con ejercicio, podrías hacer que los niños te acompañaran al gimnasio en las mañanas, algo que el autor suele hacer.

2. **Manteniendo tus obsesiones frescas, es como encontraras nueva motivación.**

Digamos que ya sabes qué es lo que te apasiona, pero te tomó mucho menor tiempo de lo esperado alcanzar las metas que pusiste para ti. En este caso, la pregunta no es sobre cuando empezar, sino, seguir avanzando y resistiendo la urgencia de pasar cada día recostado en tu hamaca.

Y es aquí también cuándo la obsesión toma forma.

Una carrera excepcional no es aquella que es satisfecha por el hecho de alcanzar una meta y renunciar, en lugar de eso, involucra una seria de objetivos, cada uno más audaz que el anterior.

Tener una apasionada obsesión significa que no eres una de esas personas cuya meta es retirarse para tener mucho tiempo libre y jugar al golf. Tus metas necesitan ser grandes y conducirte hacia un futuro sin límites. Este es un propósito que sientes que es parte de tu ser y hace que te emociones por salir de tu cama cada mañana.

Por ejemplo el autor poseía 100 departamentos, entonces hizo una meta mucho más ambiciosa: poseer 500. Ahora el posee más de 4500 unidades.

Una vez que ganas un millón de dólares, por qué no establecer una nueva meta por un billón. Comienza pensando en todas las organizaciones de caridad que podrías fundar y la red de seguridad que podrías proveer a generaciones futuras. Con una ambición sin límites, puedes proveer cada día el combustible que te llevará a una vida verdaderamente excepcional.

Ahora, si tu meta es trivial, terminarás la mayor parte del tiempo viendo tv, y es cuando la depresión se establece.

Si no quieres ser miserable, tienes que darle a tu vida un gran propósito que crecerá a lo largo de tu carrera.

Así que nunca te fijes en un solo lugar y momento. Permanece activo y sigue alcanzando nuevas alturas.

3. Apunta alto y preocúpate por los detalles después.

Nadie puede predecir exactamente como las cosas van a resultar. Incluso los billonarios no saben exactamente cómo es que ellos harán su fortuna. En lugar de eso, ellos hacen lo que deberían hacer, que es prometer 10 veces más de lo que ellos piensan en posible y entonces se obligan a sí mismos y a su equipo encontrar maneras de entregar lo que prometieron.

Así que es importante siempre apuntar alto y hacer promesas que te harán crecer al cumplir el reto.

La mayoría de los eventos más importantes en tu vida, como casarte, tener un hijo, o empezar tu primer negocio requiere que te sumerjas y descubras como nadar sobre la marcha.

El mismo principio debería mantenerse por las metas que estableces para ti y para tu negocio. Puedes incluso liberar productos antes de que están listos, especialmente si eso significa ser el primero del mercado.

Regularmente ser el primero es más importante que ser perfecto, algo que Apple lo ha comprobado una y otra vez. Casi cada producto de Apple ha tenido fallos, pero la compañía sabe que ser grande, absoluto e innovador es más importante que ser uno de esos que se retrasan por hacer beta testing. Es por esta razón que Apple es considerada una de las mejores marcas de la historia.

Otra historia es la de Robert Kraft dueño de los Patriotas en 1995, un equipo con verdaderos problemas pero él no dejaba de decir que ganarían el super tazón. Eso inspiró a los jugadores para que dieran el 110% y ahora ya llevan ganados 5.

No sólo eso sino que la franquicia de los Patriots está valorada en 3.2 billones.

Como muestras estos ejemplos, es una buena práctica de negocios prometer la luna y tener la confianza que un plan se ajustará y tomará lugar.

4. Abrazar tus miedos ayudará a tu éxito.

Mientras el hecho de presionarte y salir de tu zona de confort te estará forzando a tener éxito, también puedes estar seguro de que eso creará algo de temor. Pero no dejes que eso te detenga. El miedo necesita ser entendido y abrazado ya que va de la mano con el éxito.

El miedo viene en 2 presentaciones principales: Miedo al rechazo y el miedo al fracaso, y con ambos debes lidiar si quieres tener éxito.

En 2008, J.K. Rowling dirigió la clase de graduados de la universidad de Harvard. Ella dijo que te hace grande en la vida es tener el valor suficiente para fallar. De tal forma que si nunca fallas, nunca realmente vivirás.

Rowling habla de la experiencia. A ella la rechazaron 12 veces antes que el primer libro de Harry Potter fuera finalmente aceptado por una editorial. Y entonces vendió 12 millones de copias alrededor del mundo. Si ella hubiera permitido que el miedo al fracaso la detuviera, Harry Potter no existiría hoy, lo cual es casi impensable.

Así que avanza y permítete sentir miedo, y entiende que está bien ya que significa que te estas presionando y avanzando hacia delante. Si tú no sientes miedo de vez en cuando, posiblemente signifique que estás muy cómodo y te estas convirtiendo en el pez más grande del estanque, lo cual debería evitarse ya que eso significa que no estás creciendo.

Si sientes que te estás estancando, significa que tienes que moverte a un estanque más grande. Quizá sea tiempo de abrir una nueva sucursal en otra ciudad o explorara nuevas sociedades de negocios que te expondrán a nuevos mercados.

Cuando llega el momento de vencer a tu competencia, el miedo también puede ser útil. Abrazar el miedo se refiere a tener el estado mental correcto, y es algo que puede darte una ventaja psicológica.

Para el autor, su mayor reto vino en el colapso económico del 2008. En ese tiempo, todo mundo estaba asustado sobre el futuro, así que el decidió usar ese miedo como un incentivo para ser más agresivo tanto en las ventas como en las apariciones públicas. De tal forma, que mientras otros corrían asustados, el empezó a expandirse a nuevos mercados, lo cual le trajo grandes resultados.

5. Deja de ahorrar y usa ese dinero para crecer.

Independientemente de los temores que tengas, el éxito siempre va de la mano con el crecimiento. Esto significa que la cosa más inteligente por hacer es colocar tus ganancias y exceso de energía en una expansión. Con esta estrategia, tú tendrás la mejor oportunidad para dominar el mercado.

Esta estrategia también significa que tu deberías ver el gasto como algo tan importante como el ahorro.

Piénsalo de esta manera: el dinero que no es usado no resulta muy útil, ¿Verdad? El único dinero que importa es el dinero que te ayuda a crecer.

Esto también hace sentido en lo que se refiere a los impuestos. Mientras que a las ganancias siempre le cargan el impuesto, el dinero que se reinvierte en la compañía usualmente es deducible, haciendo este dinero más valioso al final del día. Así que siempre es sabio mirar por el crecimiento y las oportunidades de inversión, incluyendo nuevos mercados de expansión y nuevos caminos por explorar.

El autor recomienda gastar del 30 al 40 por ciento de tus ganancias en oportunidades de expansión.

Pero qué pasa si esas oportunidades de expansión son difíciles de encontrar, entonces la siguiente mejor cosa por hacer es gastar el dinero en publicidad. Hablando de forma general, el dinero gastado en marketing, anuncios y publicidad en redes sociales nunca es desperdiciado. Cuándo la publicidad trabaja y tú te vuelves un nombre importante, esas oportunidades de expansión que antes no se dieron pronto empiezan a tocar a tu puerta.

Lo que sea que hagas, no trates de hacer un todólogo. Ser un líder significa guiar a tu equipo hacia el éxito y muchas veces esos significa tener un gran equipo, tal como sucede con el staff de Amazon de más de 200,000 personas, o bien Apple o Microsoft con equipos de más de 100,000 personas.

Actualmente, alrededor del 75% de las compañías en US son lo que el autor llamaría "solopreneur" y esto te limita enormemente.

Si quieres crecer debes aprender a delegar y contratar personas que te ayuden a ganar dinero.

6. **Usa a los haters como aliados que alimenten tu obsesión.**

Con un gran éxito viene la oposición. Es sólo la forma en la que los negocios operan. Pero desde ahora puedes anticiparte a los competidores y a las criticas preparándote.

Hoy en día las redes sociales ofrecen haters deseosos de atacarte, pero la mejor manera de lidiar con su presencia no es tratando de callarlos, sino que es estando agradecidos por su atención.

Piénsalo de esta manera: Entre más haters tienes, más exitoso eres.

Hay un viejo dicho que menciona, "no hay algo como la mala publicidad" y en este caso, haters pueden ser usados como publicidad gratis. Cuándo alguien te critique, ellos te ven como una fuerza líder del mercado. Nadie se fija en un negocio insignificante. Sólo a aquellos que son importantes son vistos como algo valioso para la crítica.

Para ponerlo de otra forma: Si tienes millones de usuarios en Twitter que te odian, hay posibilidades de que te conviertas en el próximo presidente!

Los haters tienen el beneficio agregado de que nos hacen más resilientes. Piensa en todos aquellos *"bulleadores"* a lo largo de los años. Para bien o para mal, ellos tuvieron un papel en hacerte la persona que eres hoy.

Ya hayan sido los abusones o las chicas despiadadas con los que conviviste en la escuela, el gerente del banco que no te dio la aprobación del préstamo, o la innumerable cantidad de troles que no dejan de llamarte maldito cerdo capitalista, ellos probablemente sean un verdadero dolor de muelas, pero ellos también pueden ayudarte a que formes una piel más dura y alimentar tu pasión para comprobar que estaban equivocados. Si lo usas sabiamente, las palabras de los haters pueden incluso resultar en que hagas algunos ajustes y crear mejores productos.

Sin embargo, no sólo los haters pueden interponerse entre tú y tu obsesión. Algunas veces los miembros de tu propio equipo son los que te están deteniendo, que es de lo que mencionaremos en el siguiente punto.

7. Obsesionarte con tener al mejor equipo posible.

Qué consideras que es más importante para generar ingresos, ser amable o ser efectivo?, Espero y hayas escogido la segunda opción ya que es un hecho en los negocios, que cada cierto tiempo, necesitas tomar decisiones que no serán populares en función de mantener el liderazgo y asegurar que cada uno del equipo permanezca en la ruta.

La mejor manera de mantener el control en tu equipo y negocio es por medio de controlar la conversación – litera -l.

Todos en tu equipo deberían estar atentos a que tú los estás escuchando y observando todo el tiempo. Esto significa escucharlos en sus llamadas de ventas para asegurarte que tu equipo es agresivo y apasionado sobre mover el producto como si se tratase de ti quién hace la llamada.

Si alguien no cuadra a tus estándares, o si el cliente no fue aconsejado correctamente, es perfectamente aceptable entrar a la conversación y poner las cosas en claro.

Hay otra manera de hacer que tu equipo esté atento y esto es reconociendo el buen trabajo y que personalmente estén comprometidos con cada aspecto del negocio.

El autor tiene el hábito de enviar mensajes personales de gratitud a los trabajadores que colocan un verdadero esfuerzo en su trabajo. Incluso si está a miles de kilómetros de distancia de la oficina, el grabará un video en su celular y lo mandará al equipo. Honestamente, toques personales como este asegurará un compromiso total.

Pero tu control realmente empieza al ser implacable al momento de contratar y de despedir.

Recuerda, cuando contratas a alguien un acuerdo se hace: Le pagas y lo tratas justamente, mientras él hace y mantiene cierto estándar en su trabajo. Así que si alguien falla en esto no deberías sentirte mal sobre dejarlo ir y reemplazarlo con alguien que realmente haga el trabajo.

Al final es tu obligación construir un equipo que este obsesionado y apasionado con tu negocio tal como lo estás tú. Con esto en su lugar, el éxito seguro lo segura.

Conclusión

Ser excepcional significa tener un estado mental de crecimiento. Para realmente tener éxito, necesitas establecer altas expectativas para ti y tu compañía que puedan parecer imposibles. Pero estas grandes metas son clave para motivar a una fuerza de trabajo incansable y te propulsiones hacia verdaderos resultados excepcionales.

Consejo

No pierdas tiempo con tareas que no alimentan tu obsesión.

Para acceder a más contenidos del Programa Conocimiento Experto visita el sitio oficial en:

https://www.conocimientoexperto.org

Recursos:

Accede a nuestro grupo privado en Facebook:
https://www.facebook.com/groups/conocimientoexperto

Programa Principios Experto:
https://conocimientoexperto.com/principios

Programa Posicionamiento de Expertos en: Internet:
https://conocimientoexperto.com/programaexperto

Más contenidos gratuitos:
https://www.conocimientoexperto.org

Aplicación Móvil Conocimiento Experto:
https://www.conocimientoexperto.org/apps/

Programa Conocimiento Experto Elite:
https://conocimientoexperto.com/elite

Sígueme En Instagram en:
https://www.instagram.com/salvadormingo/

Sígueme en Facebook en:
https://www.facebook.com/ConocimientoExperto/

Sígueme en Youtube:
https://www.facebook.com/ConocimientoExperto/

Sígueme en Twitter en:
https://twitter.com/s_mingo